最强大脑养成方案（0-6岁） 药志胜 ◎ 著

敏感期的秘密
SECRET OF SENSITIVE PERIOD

悦成长　东南大学出版社

前言 Foreword

捕捉敏感期，完美开发孩子智力

谁都希望自己的孩子聪明伶俐，才华横溢，"不输在起跑线上"，为此，我们常常不惜血本，投入大把的金钱和精力，咨询专家，带着孩子奔波于各种早教机构。

你知道吗？婴儿刚出生时只喜欢看黑白相间的东西，而不是大家通常认为的色彩斑斓的玩具；3岁以前的孩子，一次只能学会一个知识概念；宝宝乐此不疲地吃手有可能处于口欲敏感期，也有可能是缓解内心的焦虑；宝宝开始迷恋非常微小的东西是他正在发展他的观察力呢……宝宝这一切行为的背后，都预示着其身心发育敏感期的到来，也是完美开发宝宝智力的好契机。

蒙台梭利认为，所谓敏感期，是指在0～6岁的成长过程中，儿童受内在生命力的驱使，在某个时间段内，专心吸收环境中某一事物的特质，并不断重复实践的过程。每一个敏感期的出现，都将引发下一个敏感期的出现。顺利通过一个敏感期后，儿童的心智水平便从一个层面上升到另一个层面。儿童的所有心智发展的外在形式，都是以敏感期体现的。因而，认识各种敏感期，对于孩子完整的自我成长及智力发展至关重要，家长若能了解敏感期的规律，就等于掌握了孩子成长的规律。

现实生活中，能够掌握儿童敏感期规律并合理地因势利导的情况并不多见。大多数家长往往关注孩子吃了什么喝了什么，或聚焦于宝宝学会了什么能展示什么，并没有真正了解他们是怎样具备了这些能力的，在与孩子打交道的过程中，我们容易以自我为中心，把孩子看成必须通过成人的努力去填满的"白纸"，把孩子看成一切事情都需要成人代劳的"没有生机而且无能的人"，把孩子看成成人必须寸步不离地加以

指导的没有"内驱力"的人,从成人的角度来判断儿童行为的对与错,甚至对孩子探索行为过多干涉。我们这种行为往往错失孩子智能发展的良机,同时也会阻碍孩子性格发展得更积极更有创造力。

正确的做法是:在儿童生理成熟的基础上,针对其所出现的某种敏感期,进行适时的训练,才能取得好的效果。我们要以孩子内心的和谐为前提,尊重孩子身心发展规律。唯有了解各种敏感期,家长才可以准确地观察孩子的行为,了解孩子的真正需求,用"有准备的适宜环境"引导出儿童的内在生命力,并耐心地等待孩子完成其内在的心理变化,适时适当地助孩子一臂之力,令其获得完善的发展。

那么,父母应该怎样认识、了解儿童的敏感期,并引导孩子顺利度过敏感期,进而科学地开发其智力呢?本书将在最大程度上向父母展示孩子在各个年龄段出现敏感期的具体表现,并为父母提供应对孩子敏感期的科学方法,以及智力开发的技巧,旨在用最简单的方式培养出孩子对世间万物的浓厚兴趣及自我学习的能力,从而让孩子赢在敏感期,终生受用。

敏感期是孩子早期教育成败的关键。在各个敏感期,孩子的"内驱力"时刻都会创造出奇迹。让我们细心观察、耐心等待、善加利用、科学开发,让"敏感期"成为孩子智能发展的飞跃期吧!

目录 | Content

前言 / 002

Part 1　别让宝宝语言敏感期悄悄溜走

1. 咿咿呀呀的"婴语"
- 语言训练常见的场景和方式 ………… 018
- 便捷有效的语言训练方法 ………… 020

2. 喜欢反复说一个词
- 信息量大、多鼓励、多耐心，才是语言学习的良好环境 … 023
- 6个亲子游戏，帮你抓住开发契机 ………… 024

3. "鹦鹉学舌"，模仿他人的话
- 如何促进孩子从模仿到主动使用语言 ………… 027

4. 乐此不疲地"骂人"
- 家长应对"诅咒期"的正确做法 ………… 030
- 利用语言的力量学得更多 ………… 031

5. 爱上"自言自语"
- 孩子说话不流畅时，家长应该怎么办 ………… 033
- 爱说，就让我们一起说个够 ………… 034

6. 家有小书童
- 根据宝宝性格选故事书 ………… 037

- 为孩子创设阅读环境 ········· 037
- 与孩子一起阅读 ··········· 038
- 让宝宝编故事 ············ 038

7. "痴迷"带符号和文字的东西

- 识字过程比"认得多少字"的结果更重要 ····· 040

8. 小手写啊写

- 用游戏帮宝宝找到书写的感觉 ······ 043
- 书写敏感期4大注意事项 ········ 044

Part 2 陪宝宝在尽情玩耍中走过自然认知敏感期

1. 宝宝特别爱吃手

- 给宝宝选一些抓握玩具 ········· 049
- 3种方法训练宝宝抓握 ········· 049
- 宝宝过分吃手也会有危害 ········ 050
- 预防宝宝过分吃手的妙招 ········ 050

2. 什么都往嘴巴里塞

- 健康安全地啃咬 ··········· 054
- 出牙也爱咬东西 ··········· 054
- 宝宝手足运动小游戏 ·········· 055

3. 出现挑食现象

- 宝宝进食的小秘密 ··········· 058
- 8大招数,纠正宝宝挑食 ········· 058

- 培养孩子不挑食的方法 ·············· 060

4. 喜欢玩弄食物
- 吃饭也"游戏" ···················· 062
- 如果你真的不喜欢宝宝玩弄食物 ······ 064

5. 就爱听声响
- 宝宝最爱听的美妙声音 ·············· 066
- 测试宝宝听力的4种方法 ············· 069

6. 对科学文化知识感兴趣
- 营造良好的科学文化氛围 ············ 071
- 随手可得的小游戏,帮宝宝探索更多 ··· 072

7. "妈妈,我从哪里来"
- 巧妙应对孩子的性别好奇 ············ 074
- 孩子看到父母的性行为怎么办 ········ 075

8. 爱和小动物做朋友
- 父母如何适度参与 ·················· 077
- 宝宝养小动物的注意事项 ············ 077
- 宝宝养小动物好处多 ················ 078

9. 对大自然充满好奇心
- 4类活动,让孩子与自然更贴近 ······· 081
- 春夏秋冬,用游戏来认识 ············ 082

把握创造性思维敏感期，宝宝更聪明

1. "坏家伙"的创造力
- 0～6岁宝宝创造力特点 ·············· 089
- 调整做法，让宝宝的创造力更进一步 ·············· 092
- 3个创造力养成小游戏 ·············· 094

2. 喜欢玩沙玩水
- 宝宝富有创造性的特点 ·············· 096
- 宝宝玩水和泥巴游戏指南 ·············· 097

3. 爱臭美的宝宝
- 在游戏中培养美感 ·············· 099
- 关注宝宝的审美特点 ·············· 100
- 宝宝审美养成，家长应该这样做 ·············· 100

4. 爱用筷子敲打碗
- 宝宝应着重训练的音乐智能 ·············· 103
- 培养宝宝唱歌兴趣的4个步骤 ·············· 104
- 艺术熏陶≠技能训练 ·············· 105

5. 涂鸦的奥秘
- 宝宝涂鸦的4个阶段 ·············· 107
- 涂鸦反映着儿童心理和性格差异 ·············· 107
- 如何正确对待宝宝的涂鸦行为 ·············· 108

6. 宝宝脑海中的世界
- 幼儿想象力发展的不同阶段 ·············· 111

- 可以经常反复做的游戏 ········ 111
- 培养宝宝想象力的10大准则 ········ 112
- 保护宝宝想象力的生活细节 ········ 114

Part 4 开启宝宝空间运动智能之门

1. 什么都爱抓一抓
- 0~1岁宝宝手精细动作训练要点 118
- 1~3岁宝宝手精细动作训练要点 120
- 6个游戏,让手指更灵活 121

2. 爱"拆卸"玩具
- 孩子拆玩具,父母怎么办 125
- 挑选玩具,大有讲究 126

3. 到处爬来爬去
- 关注宝宝的爬行细节 128
- 如何正确训练宝宝爬行 128
- 为宝宝爬行准备一个安全场所 129

4. 会站立了
- 训练宝宝站立的5个步骤 132
- 不宜过早让宝宝学站立 134

5. 扶着东西走路
- 学走路,并不是越早越好 136
- 细心呵护,走好人生第一步 137

6. 爱上下坡与爬楼梯

- 给宝宝安全的运动环境 · · · · · · · · · · · · · · · · · · 139
- 观察宝宝的步态很重要 · · · · · · · · · · · · · · · · · · 139
- 在游戏中练习行走 · 140

7. 方向感有了强弱之分

- 游戏训练宝宝方向感有讲究 · · · · · · · · · · · · · 143
- 方向感男女有别 · 144
- 各年龄段宝宝方向感培养要点 · · · · · · · · · · · 144
- 有助于宝宝方向感提升的 10 类游戏 · · · · · · 146

8. 喜欢把东西扔得到处都是

- 积极应对宝宝空间感发展的有效方法 · · · · · 149
- 在家 DIY，玩出宝宝空间感 · · · · · · · · · · · · · 150

9. 摇摇摆摆找平衡

- 12 个亲子游戏，练出宝宝良好平衡力 · · · · 153
- 帮助宝宝提升平衡力的小窍门 · · · · · · · · · · · 156

10 垒高、推倒，再垒高、再推倒

- 建立三维空间感的 10 个游戏 · · · · · · · · · · · · 159

 Part 5　形象思维敏感期，放飞孩子的智慧

1. 对光线情有独钟

- 0～3 岁宝宝视力发育特征 · · · · · · · · · · · · · · · 164

- 智力开发从视觉刺激开始 ... 165
- 训练宝宝视力要选对玩具 ... 166
- 发展宝宝视力的4个小游戏（1岁以下） ... 167
- 宝宝不认识颜色是不是色盲 ... 168

2. 爱上涂色
- 给宝宝足够的色彩刺激 ... 170
- 让宝宝爱上涂色的4种方法 ... 171
- 玩出无限创意的涂色游戏 ... 172

3. 不吃残缺的饼干
- 尊重宝宝追求完美的心态 ... 175
- 多多理解宝宝的"完美"要求 ... 176

4. 对细小事物感兴趣
- 好奇心增强，喜欢用手探知 ... 178
- 培养宝宝观察力，家长可以这样做 ... 178

5. 喜欢捡"破烂儿"
- "寻宝"敏感期，家长如何施教 ... 181

6. 学什么像什么
- 如何发展宝宝模仿能力 ... 184
- 3个有趣的模仿游戏 ... 184

7. 剪纸的乐趣
- 用剪刀创作，安全很重要 ... 186
- 介绍两种简单的剪纸方法 ... 186

Part 6 逻辑思维敏感期，孩子成才最重要的奠基期

1. 宝宝喜欢"躲猫猫"
- 宝宝"物体恒存"发展历程 ········· 190
- 各种"躲猫猫"的亲子游戏 ········· 190

2. "因为……，所以……"
- 0~3岁宝宝逻辑思维训练方法 ········· 193
- 3~4岁宝宝逻辑思维训练方法 ········· 194
- 4~6岁宝宝逻辑思维训练方法 ········· 195

3. 爱帮家人摆鞋子
- 满足孩子秩序敏感期的需求 ········· 197
- 帮助孩子建立秩序感 ········· 197
- 养成收拾东西的习惯 ········· 198
- 建立宝宝秩序感的3个亲子游戏 ········· 198

4. 承诺的事情要做到
- 孩子不遵守游戏规则怎么办 ········· 201
- 点滴细节，帮助孩子完善自制力 ········· 202
- 培养宝宝自制力的两个游戏 ········· 203

5. 配对找朋友
- 儿童分类能力发展特点 ········· 205
- 训练宝宝分类能力的5个游戏 ········· 205

6. 有了初步的归纳能力
- 培养归纳能力，家长要多参与 ········· 208

7. 爱上数指头

- 8类游戏培养宝宝数学逻辑智能　　210
- 从口头数数到按物点数　　212
- 引导宝宝的加法运算　　212

Part 7　人际交往敏感期，孩子融入社会的契机

1. 家有"黏人精"

- 0~3岁依恋关系发展阶段　　216
- 害怕陌生人是正常现象　　216
- 巧妙化解孩子分离焦虑　　217
- 对待黏人宝宝3种正确做法　　218

2. 离不开自己心爱的玩具

- 宝宝为什么会"恋物"　　220
- 最易让宝宝依恋的物品　　221
- 正确对待宝宝的安慰物　　222

3. "这是我的！"

- 三多原则，帮宝宝认识自我　　225
- 加深宝宝自我认识的两个小游戏　　226
- 宝宝各阶段自我意识发育特点　　227

4. "我就不！"

- 宝宝"反抗期"，家长可不必对抗　　231
- 8类做法，帮你轻松度过宝宝"反抗期"　　232

5. 变得"任性刁蛮"

- "任性"不见得是坏事 ······ 235
- 宝宝任性时,我们该怎么办 ······ 236

6. 容易害羞

- 要想宝宝不羞涩,成人先改变 ······ 238
- 了解宝宝害羞的成因 ······ 240

7. 和朋友一起分享

- 教宝宝分享要因时而异 ······ 242
- 孩子分享行为需慢慢养成 ······ 242
- 让孩子学会分享的小技巧 ······ 244

8. 喜欢玩"过家家"

- 尊重宝宝,认真对待 ······ 246
- 正确对待宝宝的"偷窥"行为 ······ 247
- 如何对宝宝展开性教育 ······ 248

9. 小不点儿也爱争宠

- 如何疏导宝宝的嫉妒情绪 ······ 250
- 宝宝为什么会嫉妒 ······ 252

10. 会"说谎"了

- 正确认识宝宝的"说谎"行为 ······ 254
- 宝宝说谎后,家长这样做 ······ 255

11. 有了团队的需要

- 宝宝交朋友,家长不要这样做 ······ 257
- 宝宝社交能力发育的阶段性特点 ······ 258
- 宝宝社交能力发展以引导为主 ······ 260
- 培养孩子社交能力的两个游戏 ······ 262

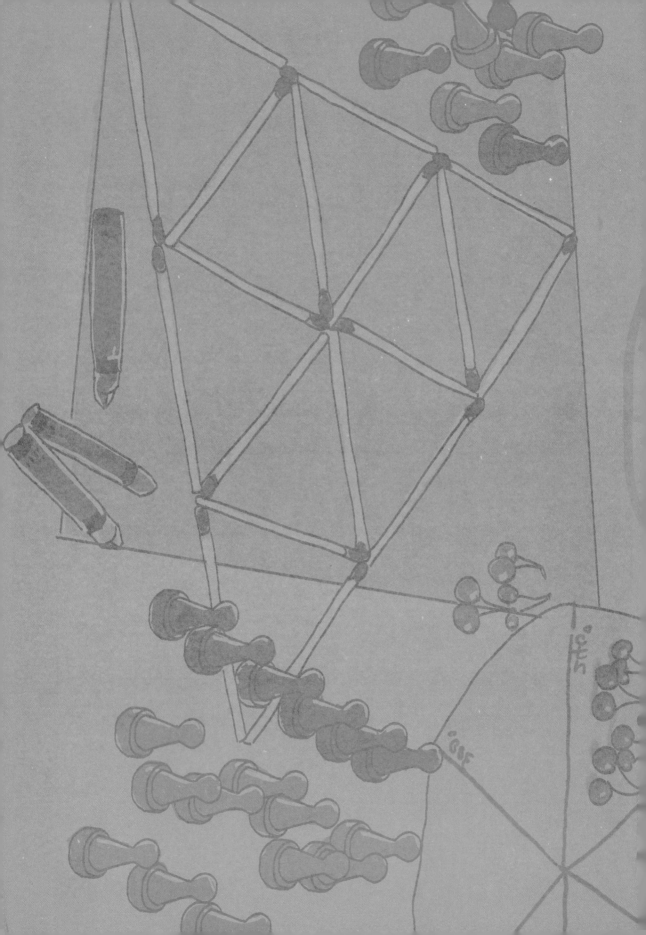

Part 1
别让宝宝语言敏感期悄悄溜走

著名幼儿教育家蒙台梭利说：人不是生而知之，也不是生而说之，语言能力的培养要根据婴儿的不同成长期特点，有目的、有针对性的开发、训练，要根据不同的方法、不同的途径进行启蒙训练。

六岁以前是孩子学习语言的关键时期，会经过一个接受、理解、模仿、表达、运用的过程。如果家长没有在这些关键时期对孩子进行科学的引导和训练，会使孩子在心理和智能上造成某些缺陷，之后再进行弥补也将是事倍功半。因此，莫让孩子错过语言发展关键期。

0～6岁宝宝语言发展历程表

年龄	语言发展表现
1个月	在清醒时，能发出细小柔和的喉音；倾听说话声
2个月	会发 a、o、e 等元音
3个月	能发出咯咯的笑声
4个月	在安静时会咿呀自语，高兴或不满时会大声喊叫
5个月	有意识地注视说话者的口型，咿呀学语；看到熟悉的人和物时会咿咿呀呀地好像"说话"
6个月	叫孩子的名字会转过头；能分辨出生气或温和的声调
7个月	无意识地发出 da-da、ma-ma 的声音，但无所指
8个月	会模仿弄舌声或咳嗽音；会改变声音的高低、强弱（自言自语）
9个月	会做欢迎、再见的动作；发出清晰的复音节
10个月	会模仿大人发单字音，知道制止和命令，发出有意义的音节；根据语意而行动，使用母子互知的词语对话
11个月	有意识地发单字音，会用单字音表示人、物或动作
1岁	叫妈妈、爸爸有所指；把玩具给孩子，再要回来知道给；理解要求，儿语的开始
15个月	理解成人要求，能根据大人的问话指出眼、耳、鼻等 3 个以上的身体部位
18个月	能根据大人的要求，把物品送到指定地方；会发叠音，能有意识地说出 3～5 个音（爸、妈除外）
21个月	能说出 3～5 个字组成的简单句子，能回答"这是什么"等简单问题
2岁	能说出两句或以上的儿歌，会主动问"这是什么"；懂得三个方向，说十个字，知道物品都有名称；喜欢听故事
2岁3个月	会说 8～10 个字的句子；喜欢有重叠词的图画书
2岁6个月	能说出 10 种图案；有往日概念
2岁9个月	能根据问话说出自己的性别；连续执行三个命令，喜欢听图画故事书
3岁	懂得回答"冷了、饿了、累了、怎么办"等问题；说出 14 种图片，喜欢看图书，记得故事中重点的句子，念错了会生气
3岁6个月	会说反义词；能够表达自己的愿望
3岁8个月	能够说出周围物品的名字；说话口齿流利，能够使用复数
3岁10个月	能说出自己的性别、年龄、父母的名字；能讲长句子
4岁	知道苹果一刀切开有几块，能够说清楚一件事的经过；能够根据说话对象调整自己的语言
4岁6个月	会回答"人为什么要穿衣"、"眼睛有什么用"等问题；能模仿大人说话的各种腔调；词汇量进一步提高
5岁	能够描述天气，会回答"人为什么上班"、"房子为什么有窗户"等问题；能够说意思比较复杂的句子
5岁6个月	能够说清楚自己的家庭住址；能够复述大人说的一段话；知道近义词、反义词
6岁	词汇量显著提高；能够与别人应付自如的交谈；语言连贯，开始有逻辑性

1 咿咿呀呀的"婴语"

很多家长认为0~8个月的孩子还不能说话，对孩子说话也是对牛弹琴，只要让他吃好睡好就行了。其实这真是太小看孩子了。

语言的学习需要一个接受、理解、表达的过程。婴儿期的孩子虽然不会说话，但已经能够听到外界的声音和语言了。婴儿大脑的学习潜力十分强大，但只有受到语言环境的刺激，语言机制才能够被激发，婴儿天生的敏感性能够让他们从周围的环境中吸收语言信息，进而不断积累沉淀，为将来开口说话做准备。

因此，与成人交往较多的宝宝，语言发展速度较快；而出生后就脱离了成人语境或很少与成人有语言交流的孩子，很可能说话迟，比同龄儿童时间晚、能力差。

美国心理学教授鲍勃·麦克默里说，孩子学习说话的过程多数时候是父母注意不到的，然后，孩子恰恰是在这些不被察觉的学习过程中的日积月累，才产生了令父母惊讶的必然结果。爸爸妈妈的对话，可能被旁边还不会发音的宝宝一字不漏地接收；收音机里的歌曲会让刚会发音的宝宝手舞足蹈；妈妈的鬼脸和笑话会让宝宝试着理解某些字句；咿呀作语的宝宝是在进行"发声练习"……

让宝宝的语言获得良好发展，并不需要你做特别多的事情，只需每天拿出几十分钟的时间，认认真真地和宝宝"对话"，你就会有意想不到的收获。

"对话"可以在日常的喂养中进行，也可通过和宝宝一起玩游戏来完成，能把动作和语言联系起来会更好。

家长可以指着不同的物品，要用清晰缓慢的语言对孩子说"这是xx"、"那是xx"，让他感觉、让他看、让他听；也可以用亲切的声音、变化的语调跟宝宝讲他当前面对的事物和事情。比如对他说"宝宝在摇小铃铛"、"妈妈正给你换尿布呢"等等。

这可以让宝宝在情景中理解语言，你也会养成和宝宝说话的好习惯。逐渐地，宝宝就会发出应答似的声音来和你"交谈"，这更是增进亲子感情的好方法。

语言训练常见的场景和方式

语言是思维的工具，思维能力又是智力的核心。所以，早期语言训练是开启宝宝智能大门的钥匙，爸爸妈妈要想把自己的宝宝培养得更聪明，就要避免走进训练宝宝语言能力的各种误区。

一：低估宝宝的语言能力

父母低估宝宝的语言能力是造成有些宝宝语言表达能力低下的重要原因之一。宝宝获得词汇量的多少，很大程度上取决于母亲对宝宝说话的数量。妈妈要尽可能地与宝宝多说话。

二：语言环境过于复杂

有些家庭语言环境复杂，多种方言或语种并存，这会使正处于模仿成人语言的小宝宝产生困惑，其结果是导致说话晚。因此在0.5～2岁这个学习语言的关键期，家人应统一语言教孩子正确发音。

三：长期用方言教宝宝说话

有些老人喜欢用方言和宝宝说话，这就有可能导致宝宝将来不愿说普通话，从而影响其早期阅读，减缓其把书面语言变成思维语言的进程，对宝宝的智力开发十分不利。

四：不让人对宝宝说方言

适当地用方言和宝宝说话，也可以让宝宝多一种语言的体验。只要父母后期注意培养宝宝学说普通话，学会正确地发音，就不会影响宝宝的语言发展和表达能力。

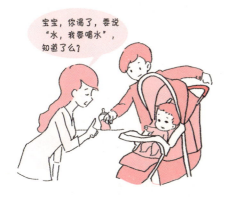

五：过分体谅宝宝的要求

随着月龄的增长，宝宝已经逐渐明白各种生活物品的作用和功能，却还不会用嘴说。比如，宝宝想喝水了，就会指指水杯，大人马上就明白了他的意思，于是便把水杯递给他。长期这样，就会导致宝宝失去学习说话的机会。

七：不注意倾听宝宝的话

促进宝宝语言学习的第一步就是"倾听"，因为宝宝尝试作出的任何表达和交流都是建立在你肯倾听——正确倾听的基础上。当宝宝急于表达自己时，妈妈若漫不经心地敷衍，或不耐烦地拒绝，就会严重打击宝宝说话的热情。

六：重复宝宝的错误发音

宝宝刚学说话时，难免会有发音不准的现象，如把"吃饭"说成"七饭"，把"苹果"说成"平朵"等等。这是因为他的发音器官发育还不够完善，听觉的分辨能力和发音器官的调节能力都还比较弱。遇到这种情况，爸爸妈妈应该用正确的发音来教宝宝说话，渐渐地，宝宝的发音就会正确了。

八：习惯用"奶话"教宝宝说话

"汪汪（狗）"、"喵喵（猫）"、"呜呜（小火车）"、"吧唧吧唧（吃东西）"之类的奶话，虽然符合宝宝这一阶段的发育特点，但是却容易忽略掉宝宝抽象思维能力的发展。所以，不可长期如此教宝宝说话，而应注意将理性词汇和感性词汇相结合，通过正确的教育引导宝宝的语言逐渐规范化。

便捷有效的语言训练方法

1. 尽早让宝宝记住你的声音

这是宝宝语言发展的基础，也会促使母子之间的亲密感情。比如在准备给宝宝喂奶时，用你的双眼注视着宝宝的眼睛，同时温柔地和宝宝说话："噢，宝宝饿了吗？妈妈马上喂你好不好？"

噢，宝宝饿了吗？妈妈马上喂你好不好？

2. 和宝宝交谈时要用不同的语气、语速，提高宝宝的听力水平

爸爸妈妈兴奋的态度、抑扬顿挫的语调、不同快慢的语速，会使宝宝有着不同的听力体验，会促使他更加起劲地发音，更乐意与人沟通。

3. 多给宝宝听优美的故事和音乐

用音乐和故事来刺激神经，调节精神，会使宝宝的身心得到健康的成长。日本幼儿开发协会做过试验：他们把几十个出生不久的孩子集中起来，一一拍照、录像，作为原始资料。然后每天分上午、下午、晚上3次播放轻松欢快的音乐或者故事。开始时没有什么变化，可是四个月之后，这些孩子的面容发生了很大变化，他们的表情比一般孩子活泼，动作协调，就连眼神都与一般孩子有根本的区别，更讨人喜欢。

4. 营造快乐的语言学习氛围

与宝宝分享学习的快乐是对他认知活动和语言发展最好的反馈和强化，会让宝宝更加自信，有更强的求知欲。反之，忽视、冷落、父母不给予爱等所造成的不安情绪，都可能限制孩子语言的发展。

5. 经常叫宝宝的小名

这有利于宝宝发展自我意识，帮助他尽早知道自己和别人的不同，能促进宝宝将自己的意志传达给别人，发展自己的语言。

6. 及时鼓励宝宝说话

孩子有一个重要的心理特点就是"依赖性"，来自父母的鼓励是他学习的重要动力。当宝宝发出任何声音的时候，大人可以稍微夸张的表情和声音说："啊，我们的宝宝会说话了！"以此来鼓励他。当宝宝发出声音的时候，爸爸和妈妈就拍手，并表现出很高兴的样子，宝宝就会觉得非常的开心。

一般情况下，宝宝脑内的"听觉地图"在1岁左右完成，在此期间，给1岁以内的宝宝输送越多的清晰明确的声音，越能促进其大脑内主管听觉的神经元的敏感性。父母作为宝宝学习语言的第一任老师，如果能有意地给宝宝输入大量日常生活中的有价值的语言信息，就能有效地刺激宝宝大脑神经的发育，这对发展宝宝的智力潜能来说，有着十分重要的意义。

2 喜欢反复说一个词

　　每个宝宝学习语言都有一个由易到难，由词语到句子，由外部到内部、由重复到理解的过程。宝宝刚开始开口说话，一般只能学着说"妈妈"、"爸爸"、"爷爷"、"奶奶"等简单叠声词。但这种说话，并不是真正意义上的"说话"，宝宝只是在日常生活中经常听到某个词语的读音，出于天性驱使尝试着发音，模仿大人说出一个一模一样的词语，他可能并不了解这个词语的真正含义和用法。

　　可是突然有一天，宝宝发现自己说出一个词语能够引起大人的反应，他就会惊喜不已，他会像做实验一样反复地说这个词，来验证自己的猜测。比如，喊出"奶奶"这个词，那个喜欢抱她亲她的老太太就会出现在自己面前，再喊、再出现，于是"奶奶"和奶奶本人就被结合起来。一个词竟然可以与一个事物配对，这对宝宝来说是个惊人的发现。于是，宝宝就开始有意无意地重复这种配对练习。一边发现语言的奥秘，一边享受语言带给他的关注度，正式开启了孩子语言智能发展的大门。

　　婴儿当你发现宝宝一遍一遍的喊"妈妈"折腾你时，不要感觉厌烦，他只是在用自己的方式进行学习，这时你及时给予回应，就能帮助他更快地学习使用语言。如果孩子在这个阶段没有得到大人的重视，说出的话缺乏回应，他的语言发育就会比同龄的孩子滞后。

　　这一阶段的宝宝学习词语的能力很强，家长不能单纯的满足于被喊"爸爸""妈妈"的幸福，应该抓住时机，向宝宝介绍更多的词语和物品，让他的"配对练习"更丰富。这也会为宝宝下一步说句子做准备。

　　家长绝对不要小看词语的学习，当宝宝能够将词语和物品做配对后，他就会转入以词代句的过渡性阶段，他会用一个名词代表他想说的一个句子，比如：用"鞋子"这个词代表"我要穿鞋子"这句话，这时家长要鼓励宝宝说出自己的需求，促使宝宝使用词语，并且激发他学句子的欲望。

信息量大、多鼓励、多耐心，才是语言学习的良好环境

❶ 信息量大。家长反复灌输下，让宝宝能听到不同的词语，虽然他现在还不能掌握太多词语，但词汇量的准备对未来说句子是十分重要的。

❷ 给予鼓励。对宝宝发出的每一个新词语要给予掌声与拥抱，让他知道表达是一件很开心的事，这样便会勇于尝试。

❸ 需要耐心。孩子对语言的理解是通过成人在固定环境下用固定手势与固定发音的反复刺激而达到的。因此，家长的耐心就显得尤为重要，同样的词或句子每天多次重复，有时甚至重复上千次。

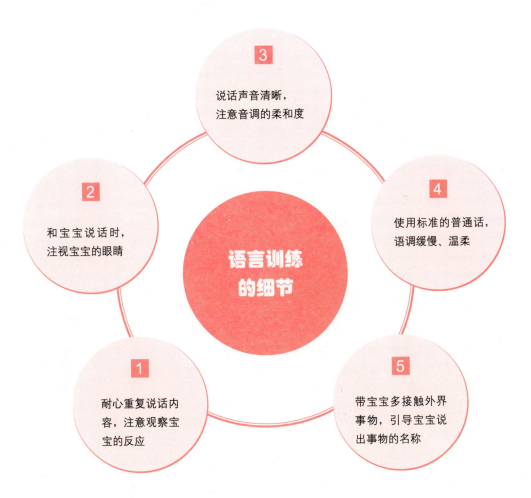

6个亲子游戏,帮你抓住开发契机

1. 我们散步去

让宝宝看到、摸到具体的实物,并听到与之对应的发音,更方便宝宝学习语言。家长应尽量每天都带宝宝外出散步。小鸟歌唱、小狗打架、花草芬芳、树叶沙沙、风儿拂面、汽车嘀嗒、大哥哥奔跑、小姐姐跳绳,宝宝都会非常感兴趣,妈妈可以借此一一介绍给宝宝认识。

2. 摸摸妈妈的脸

随着月龄的增长,宝宝开始关心起周围的人,妈妈可以拉着宝宝的手,让他摸摸你的鼻子、嘴巴,告诉他"这是妈妈的脸"、"这是妈妈的鼻子"。这可以强化宝宝的自我意识,认识人体器官,帮助宝宝尽早开口说话。

3. 咦,什么声音在响?

听力的刺激对宝宝的智力发育尤为重要,不仅是宝宝开口说话的必要条件,还能培养宝宝的注意力。因而父母要重视训练宝宝对声音的辨别能力。

妈妈可以录下各种各样的声音,譬如风雨声、雷鸣声、树叶声、流水声、汽笛声、小猫喵喵声、小狗汪汪声,或者电视播放声、家人说话声、翻书声、洗碗声、炒菜声等等。然后找个安静的时间,和宝宝一起分辨这些声音,"咦,这是什么声音啊?哦,汽车'嘀嘀嘀'声。""哇,这是什么在叫?哦,是小狗在汪汪叫!"……从而增加宝宝的词汇量,促使其对说话产生浓厚的兴趣。

4. 假扮布偶玩具说话

妈妈手拿着布偶玩具，假扮布偶玩具快乐的声音跟宝宝说话："宝宝你好啊，我是大老虎，本领可大啦！"逗宝宝发笑，在这种愉快的氛围下，宝宝的智力和语言能力能得到良好的发展。

5. 模仿游戏

日常生活中，父母可以经常做"再见"、"谢谢"、"好呀"等动作给宝宝看，然后把着宝宝的手让他模仿……这可以帮助宝宝理解语言含义，加深印象。

宝贝，再见！爸爸上班去啦！

这是杯子，你看妈妈的杯子在哪放着呢？

6. 指指点点，看图说话

选择家庭日常用品和宝宝熟悉的物品的图片，和宝宝一起指指点点地说话，可以帮助宝宝增加词汇以及对语言句型的熟悉和理解，认识事物。比如妈妈指着小猫告诉宝宝："看，小猫咪！"或者指着图片，让宝宝找找家里有没有相同的东西，例如电视机、杯子、手机等等。

3 "鹦鹉学舌"，模仿他人的话

两岁左右，宝宝的词汇量达到一定程度，对语言的理解能力增强，明白一句话可以代表一个意思，这时他已经不满足于词语的重复，转而进入对句子的爆发式学习阶段。最简单的学习方法就是模仿别人说的话。

不过，很多家长意识不到这一点，认为宝宝一遍遍重复别人的话是调皮、没礼貌的表现，容易被宝宝惹恼并对其大声呵斥。

孩子的健康成长需要无限的爱和自由，家长应该对这个阶段的孩子多一些宽容和耐心，用温柔平静的心态看待宝宝每个阶段的成长特点。

这样，你就会惊喜地发现，宝宝天生就有学习语言的潜能，这种神奇的力量在这个阶段会表现得非常明显——大人说一句很长很复杂的句子，宝宝能够一字不漏地重复出来；大人说话时的语气、声调、表情，宝宝能够模仿得惟妙惟肖。你会惊喜地发现，宝宝简直跟一个天才小演员一样。这种模仿游戏会随时发生，宝宝也会享受说句子的成就感。

刚开始的时候，可能宝宝并不理解这句话表示什么意思，但在生活中不断观察大人说话的情景、语气、肢体语言，他会渐渐明白句子的意思。在反复模仿和练习的过程中，他会在无意识中体会到词语是怎样搭配的，词语怎样组合才能连成一条句子。从模仿、熟练直至掌握，很多看似复杂的语法都在这个过程中被宝宝慢慢学会了。这就为下一阶段宝宝主动运用语言做准备。

日常生活中，若发现孩子爱说话的时候，家长可以根据孩子的具体情况，适当增加句子的难度让他模仿，如用一些长句、复合句与孩子说话，或者一个意思用多种方法来表达，也可以由一个词语引出一个话题，让孩子体验不同语言乐趣。

比如，吃苹果的时候，对宝宝说："你要吃苹果吗？""有红色的苹果，还有黄色的苹果，你要吃哪一种？""只有把小手洗干净才能吃苹果哦。"经常进行这种对话，目的不是得到宝宝的答案，而是给宝宝提供更丰富的语言环境。

如何促进孩子从模仿到主动使用语言

1. 鼓励宝宝使用完整句子

在表达受困的时候,宝宝总会借助动作和表情来表达意愿,这是他偷懒的解决方法。这种时候,父母最好要设法让宝宝说完整的话。当宝宝叙说不完整时,家长也可以补充有关词句,教宝宝复述。

2. 引导宝宝观察

日常生活中,父母可有意识地在宝宝面前干活做事,并注意观察他是否在注视着自己的行动。如果没有,应有意识地加以引导,以便增强宝宝认知水平,提高说话能力。

3. 不断练习变化宝宝所说出的句子

比如,当宝宝模仿父母在安抚他不要哭闹的话"宝宝不哭,不哭"时,你可以变换一种说法:"小宝宝你不要哭了。"这样不仅使用了他已知语言的一部分,同时也增加了你希望他学习的新部分。当他掌握这两句话之后,你就可以继续教他新的表达方式,比如"宝宝,不要哭,妈妈爱你"、"宝宝,你为什么伤心难过"……随着宝宝能掌握的重复性词组增加,他能够说出新的句子将越来越多,你甚至会听到他混合使用这些你教过他的句子说话,比如 "你伤心吗?没关系","宝宝,不哭,不伤心"。

4. 用不同的话表达相同的内容

指导孩子用不同的词汇、说出相同内容的话，能有效地训练孩子的语言理解能力，发展幼儿学会多种表达思想的方法。

5. 将语言与实物结合起来

父母在对宝宝说话的时候，注意将语言与实物结合起来，有助于宝宝记住事物的名称，增强其认知能力。

6. 可以把孩子喜欢重复的词句，用来玩变字游戏

你可以一步一步地从原语句基础上开始改变，并最终说出一句和原句完全不同的新句子。比如，当你回家以后，你可以说"回家真好"，等孩子熟练掌握后，就可以再换一种说法"我很高兴回家"、"我喜欢回家"，甚至可以使用远离原句但依然是原先意思的说法，如"外边太热了，从外边走进开着空调的家里真好"，这会让宝宝自如地运用语言。

7. 尽可能让宝宝把他的词句使用在新的环境当中

你上班时，可以高兴地对他说："宝宝，再见，妈妈上班去了。"当他要离开游乐场时，你也可以对他说："不要伤心，给游乐场说再见，我们还会再来。"

这种在类似或新情况下使用词句扩展的方法，可以让你的孩子通过他已经熟悉和容易理解语言的方式来懂得和掌握语言工具。

4 乐此不疲地"骂人"

3岁左右的宝宝，原本乖巧可爱，忽然喜欢骂人了，而且一不高兴，就把"死"挂在嘴边上，动不动就要"打死你"，让家长气愤不已。这其实是孩子进入语言学习的"诅咒期"的表现，也是孩子学习语言、运用语言的关键时期。

随着宝宝语言能力的进一步发展，他会发现语言是有力量的，同一句话用不同的语气说出来会有不同的效果，也会发现有些特定的词语会有意想不到的威力，会激起别人强烈的反应，比如骂人的话。其实孩子并不懂得这些骂人话的真正含义，只是对对方的反应感兴趣，并乐此不疲地尝试。

另外，此时的孩子也正处于逆反阶段，越是不让做的事越要做，越是不让说的话越是要说。这就是为什么这个阶段的孩子为什么经常语出惊人的原因。

一般情况下，孩子只在"诅咒敏感期"才会有足够兴趣去"粗暴"地表达自己的情感，如果成年人反应过激，或者让他们感到，在生活中经常看到或听到类似的表达方式会让人从中受益，孩子就有可能形成无意识的习惯，延伸下去。

对于诅咒期的孩子，家长的首要任务不是阻止他骂人，而是采取冷处理方式，即对他们"粗暴"的表达不闻不问，或表现出这样做一点也不好玩的意思，并教孩子正确运用语言。

孩子在进入"诅咒期"的同时，也进入了"甜言蜜语"阶段，"妈妈，你做的饭菜真好吃"、"爸爸，你真棒啊"等等爱和喜欢之类的话也总是挂在嘴边。知道了孩子的成长规律，当孩子对家长说出"狠话"的时候，家长大可一笑置之，和他一起快乐地走过这段必经的路程吧。

妈妈坏，什么都不给我买！不要妈妈了！我让爸爸打死你！

家长应对"诅咒期"的正确做法

1. 坦诚地告诉孩子真实感受

孩子并不知道他的骂人话会给人造成伤害,家长可以直面孩子,认真地告诉他自己的感受。当孩子发觉他的语言会给爸爸妈妈造成情感上的伤害时,他就会懂得这些词语的破坏力是很大的,不应该随便用。

2. 讲故事说道理

对于爱诅咒的宝宝,正面的说教可能并不管用,家长可以采取迂回战术,通过给宝宝讲故事的方式让宝宝明白做事的道理。随着宝宝自我意识的觉醒,他对是非对错有了分辨能力,自然就会停止咒骂别人。

3. 适当加以惩罚

如果孩子长大一点了,仍有"咒骂"这种行为,可以先尝试"订立规则",规定宝宝不能再"骂人",如果犯规就要受到小惩罚。要注意惩罚的度,过度会让他反感,只要给点惩罚让他学会反省就好。当宝宝做到时,及时给予表扬。

4. 转移话题

当孩子说"我要打死你"时,家长可以"四两拨千斤,所答非所问"地说:"本来今天想给你买蛋糕的,那这样的话就算了吧。"孩子就会把注意力转移到买蛋糕的问题上,忘记了刚才的挑衅。

5. 忽略回避

宝宝反复用词语挑衅你的时候,你可以直接忽略他,使出的招数得不到回应,他自觉无趣,就会停止这种小把戏。

6、正确引导

家长要正确引导诅咒期的宝宝,让他懂得尊重与被尊重的感受,耐心地告诉宝宝什么词语可以在什么情况下使用,让宝宝在爱与尊重中完成语言的学习。比如,宝宝一般并不清楚"骂人"的真实含义,因此无需详细向他解释他刚刚说的话如何粗俗,只要告诉他这样的话会让大家不喜欢他。妈妈可以心平气和地问宝宝:"宝宝,骂人对不对?"一般宝宝们都清楚骂人不好,所以当他回答"不对"时,你就可以进一步教育他这样是在骂人,这是一种不好的做法。在沟通的过程中尝试了解他"骂人"的原因,以及想要表达什么,告诉他要发泄这样的情绪可以用什么字眼来替代"骂人"的话,当他接受你的意见时,应及时表扬他。

利用语言的力量学得更多

2. 掌握形容词

宝宝这个时期已经能掌握一些简短的语句了,因而父母可以教宝宝学说一些带有简单形容词的句子,比如妈妈漂亮美丽、爸爸高大帅气、宝宝聪明可爱等,借此来增加他的词汇量。

1. 引导宝宝找错误

父母可以选一个宝宝印象深刻的故事重新讲给宝宝听,但要在某些情节上加以改动,当宝宝意识到讲错了就会插上一句"不对,不是这样讲的",然后引导他说出正确的情节,由此训练宝宝口头表达能力和记忆力。

3. 记姓名、电话号码

爸爸妈妈可以教宝宝说出自己完整的姓名,然后引导宝宝说出其他小朋友的名字。也可以教宝宝记住家里的电话号码和亲人手机号。

5 爱上"自言自语"

看到宝宝自言自语，有的家长担心了，宝宝是不是太孤独了，还是自闭症的前兆呢？其实，家长们不用担心，喜欢自说自话的宝宝想象力是丰富的，如果你能走进他的内心，你一定会感到十分惊讶。

平时我们用于交流的是外部语言，而脑子里思考的是内部语言，3～6岁是内部语言向外部语言转化的阶段。这个年龄段的宝宝，心里想什么都会讲出来，一个人的时候会自己讲给自己听。有时他会问自己："为什么呢？"然后又对自己说："因为妈妈会生气的。"他还会自己编故事，自己给自己分派游戏中的角色。

自言自语和情绪、性格无关，每个宝宝都要经历这一过程。通过自言自语，你可以了解他的小脑袋里正在想些什么。可以说，这时候的宝宝是完全透明的，一眼就能看个清楚。

有时，宝宝自言自语是在同幻想中的朋友讲话。许多宝宝都有想象出来的好朋友，它可以是一只熊，也可以是一个布娃娃，宝宝经常同它说话。为什么有这种情况？首先，宝宝认为一切事物都有生命，所以事物都会讲话；其次，这位"好朋友"很乖，从不和宝宝发生矛盾，而且还很忠诚。

如果有天你发现宝宝多出来一位看不见的"好朋友"，怎么办？最好参与进来。请宝宝介绍你们互相认识，假装与这位朋友交谈，这样宝宝会很高兴，你不仅没笑话他，反而和他在一起。这个好朋友对父母其实也有用，宝宝常常会将自己的愿望与不满告诉好朋友，于是，从他们的"对话"当中，你可以了解宝宝的内心想法。

那么，要不要纠正宝宝的自言自语呢？不必。等宝宝长大后，这种行为自然便会消失。如果家长嫌宝宝太啰嗦，强行制止宝宝的自言自语，会使宝宝的语言发展受到阻碍，甚至可能出现心理问题。

孩子说话不流畅时，家长应该怎么办

1. 心态平和，不要着急

对孩子讲话要放慢，每个字说清楚，同时也要求他讲得慢，不要着急。但是，当他讲话有些拖长音或者重复，你就听着，不要重复学他，等他讲完，过一会儿让他再说一遍，有了一次的经验，第二次再讲同一句话，就会好得多。

2. 对孩子结巴现象加以重视

若孩子结巴，家长不予纠正，反而觉得好笑，当孩子经常遇到某些问题表达不清时，就会形成一种"定势"，一遇某个词，便结巴起来，发展下去将为口吃。

3. 千万不能呵斥、打骂孩子

有的家长听到孩子说话不流畅，就会大声呵斥孩子："好好说话，别结巴！"反而会强化孩子结巴的意识。当他再说这句话时，可能又犯同样的毛病。久之便可能发展为口吃。

打骂不仅起不到语言训练作用，还会导致孩子结巴。

爱"说",就让我们一起说个够

据研究,有15%～30%的儿童会出现自言自语的现象,多在3～6岁之间,3岁后达到最高峰。一般来说,这个现象到了入学年龄8～9岁时,随着幼儿社会交往的增多会逐渐消失,个别儿童可能延续到10岁左右。细心观察一下孩子,如果他正处于这一时期,那就一起来"脱口秀"吧!

1. 和宝宝聊天

丰富的语言交流可以开发幼儿的智力、提高其表达能力。家长要尽量多陪宝宝聊聊天,在沟通感情的同时,也可以培养宝宝的口语能力。交流中不要吝啬自己的溢美之词,得到别人的认同和赞美后,宝宝会不断重复已经学会的表达技巧,使之更加熟练。

3. 朗读绕口令

很多经典的绕口令,内容简单,可以让宝宝反复诵读。鼓励宝宝在掌握内容的基础上加快速度,一次比一次快。这样不但可以大大提高宝宝的语言流畅度和发音准确性,还能训练宝宝的节奏感。

2. 适当观看优质儿童节目

选择生动有趣的儿童节目和宝宝一起欣赏并给他解说,也是宝宝轻松学习口语表达好方法。

4. 巧妙引导宝宝讲故事

宝宝处于自言自语阶段时,家长可以借机引导宝宝讲故事,锻炼其语言能力。注意不要随意打断他的叙述思路。

语言训练3妙招

1. 让孩子进行口头造句

让孩子围绕着中心内容造句。如：孩子肚子饿了，原先可能只会说"饭饭"，父母趁机引导他说出短句，如"我饿了，我想吃蛋炒饭"、"我快饿扁了，我想吃面条"、"我饿死了，我想吃红烧排骨"等。

2. 让孩子使用有"上下文"的语言

孩子急于表达要求时，即使你明白了，也不要马上替他解决。如孩子问："小黑狗爱吃什么？"父母可让孩子自己观察，独立描述。复述简单的故事，对2岁以上的孩子学说话是很有用的。

语言障碍早发现

对于孩子的一些语言障碍，家长要加以重视，早期发现对宝宝的健康成长及治疗有着重要的意义。如宝宝存在下列情况，应及早去医院诊察。

❶ 2岁半以后，还不会说话。

❷ 3岁以后，说话还不能连成句子。

❸ 5岁以后，依旧把难发音换成易发音，还有不少造句错误，语言还不流利，语言的节律、速度都表现异常。

❹ 说话吃力，感到为难。

❺ 声音过大或过小，或过度嘶哑。

❻ 声音的强度和小儿的年龄、性别不相称，声音带鼻音。

3. 鼓励孩子自由地说

如果孩子将两个不同的词连成一句话，父母要及时加以鼓励，让他充分的表达自己的意见。

6 家有小书童

"阅读是孩子最珍贵的宝藏",阅读在宝宝的成长过程中是相当重要的一个环节,大部分宝宝是从3岁开始进行这项高级的语言智能活动的。

这个时期的宝宝刚刚具备文学系统,基本上还处在"读图时代",所以爸爸妈妈们可以为宝宝们选择绘本类书籍,色彩鲜艳的大图、语言简单、故事也比较简短,这些特点都是宝宝喜欢并且易于接受的。拿到一本新书后,家长要学会并习惯和宝宝一起阅读,和宝宝一起仔细看看每一幅图画,边看边启发宝宝,鼓励宝宝说说他看到了什么。经常与宝宝一起做这样的尝试,对训练宝宝的语言能力非常有效。

4岁以后,宝宝基本已经能够独立翻看一些简单的图画书,甚至煞有介事地去阅读和学习,虽然他不一定能认识那些汉字。他们开始对汉字感兴趣,并能在老师和家长的教学下认识一些简单的汉字。当遇到自己念不出来的字,有的宝宝还会主动向大人请教。这个时期的宝宝很愿意在音乐和动作的配合下朗诵诗歌,或者演绎一个故事,会非常主动地去体验文学带来的快乐。聪明的宝宝们很喜欢阅读,因为通过阅读能够解开自己的疑惑,文字渐渐成为宝宝主动探索和学习图书世界的钥匙和力量。

5岁之后的宝宝,不仅仅是读图时代了,而且也开始关注文字了。大量文字信息的储存让宝宝开始能够从听到或者看到的故事当中截取自己熟知的文字,比如说他们在读到自己熟悉的内容时,能够点读出相对应的文字,即使对一些不熟悉的内容,他们也能够根据一些局部特征,认出一些常见的字词。图画和文字相结合的阅读,是5～6岁的宝宝阅读发展的最明显特点。

聪明孩子的共同特点之一就是喜欢阅读,美国心理学家推孟在《天才的发生学研究》中指出,有44%的天才男童和46%的天才女童是在5岁以前开始阅读的。早期阅读可以使儿童增长知识,开阔眼界,促进观察力、想象力、思维力及表达能力的发展与提高,而且能使儿童获得情感、社会性等方面的发展。

阅读敏感期是培养孩子爱看书的最佳时期,家长们千万不可错过。

根据宝宝性格选故事书

对于性格比较孤僻，不爱交朋友，又常常感到孤独的宝宝而言，多听听"交朋友"的故事再好不过了；而励志类型的小故事就比较适合讲给容易受挫的宝宝听。对于比较胆小的宝宝，可以多讲一些能够解除他们惊吓的小故事，比如说《弗洛格吓坏了》等，来告诉宝宝每个人都会有害怕的时候，但要学会用自己的勇气去面对害怕。有些宝宝比较消极，就适合多听一些主人公比较积极自信，敢于展现自己的故事；而有的宝宝太过于自我，这时候爸爸妈妈就要多讲一些有关"分享"和"爱心"的小故事给宝宝听，让宝宝认识到只有分享自己的快乐给别人，才能得到更多的快乐。

为孩子创设阅读环境

要想让宝宝爱看书，就要从小给宝宝营造读书的气氛。家长可以在宝宝还是婴儿的时候就在宝宝的视线范围内设置书架、书桌，拿色彩鲜艳的书本给宝宝玩，宝宝撕书、咬书都不必过于干涉。

宝宝再大一点，可以给宝宝买一些"好玩"的立体书，给宝宝创造更多的机会接触书，建立对书的好感。家长也应该经常在家里读书看报，给宝宝树立榜样。这样长大的宝宝会比同龄的孩子更对书感兴趣，更早进入识字读书阶段。

与孩子一起阅读

当孩子要求家长讲解时,家长应该兴致勃勃地和他们一起看,并根据图画内容和孩子交谈,使词句和图像联系起来,训练孩子的语言理解能力。最后在成人讲述之后,要求孩子复述一遍,在复述故事时,孩子有可能记不真切,家长可适当提醒,鼓励其用自己的语言把故事讲完,从而进一步提高幼儿阅读的信心和兴趣。

让宝宝编故事

5～6岁的宝宝所掌握的文字信息以及他们对信息的接收、处理能力都比以前要强很多,因此家长可以适当引导宝宝编故事和讲故事,迫使宝宝开动他们的观察力、想象力和逻辑性思维能力,对文字信息进行处理和输出。

让宝宝自己编故事,其实是把学习的主动权交给了宝宝,避免了填鸭式的教学方式,能让宝宝自己开动脑筋,对宝宝主动提高自己的能力有帮助。家长可以找一些类似右图的四格漫画来鼓励宝宝讲故事。

> **TIPS:**
> 你或许拥有无限的财富,一箱箱的珠宝与一柜柜的黄金;但是你永远不会比我富有,因为我有一位读书给我听的妈妈。
> —— 摘录自吉姆·崔利斯《朗读手册》

7 "痴迷"带符号和文字的东西

不知从哪天开始，你会发现宝宝开始对路边的广告牌感兴趣，对电器上的符号感兴趣，而他对文字的学习能力也十分惊人，可以对着图画书"读"出你从未刻意教过的字，对于新的字只教一遍就能记住读音。

这些令人惊喜的现象都意味着孩子进入了识字敏感期。

一般识字敏感期从2岁开始，一直延续到7岁。

孩子自发主动的学习能力是天生的、神奇的、过时不候的，而顺应天性的学习也是最快乐最高效的。在这个阶段，家长无需刻意的教孩子识字，只要在生活中及时回答宝宝的提问，适当对宝宝感兴趣的文字进行指读，就能达到很好的学习效果。

宝宝看世界是非常直接的，他们总是很容易接受摆在他们面前的事物，却还没有足够的能力直接去接受和理解一个抽象的概念。

家长可以在家具、电器、学习用品、生活用品上写上各自的名称。在日常生活让宝宝看物识字，既可以避免让宝宝死记硬背，造成强迫感使宝宝产生逆反心理，又能让宝宝把家里的物品与汉字直接联系起来，达到事半功倍的效果。

在这种有准备的文字环境中，孩子能够将文字、读音、物品充分地联系在一起，使宝宝在潜移默化中了解文字本来的意义。

识字过程比"认得多少字"的结果更重要

1. 要常常和宝宝玩一玩组词造句游戏

爸爸妈妈常常跟宝宝一起组词造句，会让宝宝逐渐懂得字和实物之间有联系，字与字也有着千丝万缕的联系。比如说今天家里来了客人，就可以跟宝宝围绕这个主题进行组词和造句。用"水"当核心词，教宝宝说，"水—喝水—阿姨来了，我请阿姨喝水"。

2. 信心与鼓励

宝宝认对字了，家长就要给予真诚热烈的鼓励，这种奖励并不是指给宝宝一个巧克力、让宝宝做从前不允许的事之类，而是给宝宝一个亲热的拥抱、亲吻，用语言真诚地赞美宝宝等等，这样的奖励就会让宝宝更有成就感。

3. 不要给宝宝规定任务

比如说今天必须记住多少字、什么字、这些字要会念会写等等。当一件事情变成了必须完成的任务，宝宝就会有抗拒情绪。带着抗拒情绪的学习，根本不会有效率可言。

> **TIPS：**
>
> 教孩子认字，应符合幼儿心理特点，最根本的方法就是结合实物和生活情境，使孩子在游戏和快乐中自然而然地接触汉字，像学习说话那样轻松、自然。

4. 要把握宝宝情绪特点

引导宝宝通过自己喜欢的事物去识字，效果会相当好。比如说发现宝宝很喜欢娃娃，就可以跟宝宝和布娃娃一起玩过家家的游戏，拿出"口"、"眼"、"耳"、"鼻"、"手"、"脚"等相应的汉字卡，教宝宝认识五官和肢体名称相对应的汉字。

5. 帮宝宝创造多变的认字环境

用多个场景的同类汉字信息刺激宝宝，让宝宝逐渐知道，这个字在这儿念什么，到另一个地方还是念什么。比如同样一个词"鸡蛋"，在家里厨房念"鸡蛋"，在超市还是念"鸡蛋"。

日常识字3原则

◆ **因地制宜**

去超市可以教给孩子物品的名称，去医院可以教给孩子身体器官的名称。

◆ **循序渐进**

一般要遵循从单音词到多音词的规律。比如说先教宝宝学认"碗"这个字，再教宝宝认"筷子"。

◆ **轻松随意**

教宝宝认字，最好是随意随机进行，不要要求宝宝必须达到什么程度，让认字变成一个好玩的游戏而不是非做不可的任务。

8 小手写啊写

宝宝4岁多的时候会忽然喜欢拿着笔点点戳戳,乱写乱画,他会认真地把那些歪歪扭扭的符号称为"字"。

内在的书写欲望会使他会陷入一种近乎痴迷的状态,一只小小的笔可以给他无穷的挥洒欲望,这个阶段的宝宝可能不满足于在纸上写,书上、墙上、床上都会留下宝宝的"墨宝",许多家长都会认为宝宝的行为是调皮、捣乱,对其乱写乱画进行制止和训斥。这就可能挫伤宝宝对书写的热情,错过宝宝自发学习的最佳时期。

宝宝学写字的前提是拥有一双能够书写的小手。首先,宝宝的小手要稳定有力,手指要有一定的抓握能力才能固定住笔,还要有一定的手劲才能控制笔按照自己的意愿进行移动。其次,宝宝的小手要灵活,只有灵活的双手才能自如地控制书写工具,牵动手部肌肉写画出点、线、符号、数字和文字。有的宝宝写字无法控制力度、无法控制比划长短,这都是手指不够灵活的表现。

因此,家长应该从小注意宝宝手部精细动作的训练,使宝宝的肌肉能力得到良好发展,这样才能为宝宝提笔写画做好充分准备。

宝宝的行为很多时候都是单纯的出于自身成长的欲望和热情,并不会像成年人那样思考什么该做、什么不该做,这时候讲道理对宝宝并不管用,家长可以为宝宝提供多种书写的材料,用巧妙的方式引导孩子在正确的地方书写。

每个孩子的书写敏感期并不相同,有的孩子可能3岁多就对写字感兴趣,有的孩子要5岁才开始拿起笔,这是因为每个孩子的成长历程都是有差别的。家长千万不能拿自己的宝宝和别的宝宝比,看见别的宝宝会写字,就强迫自己的宝宝学写字。

家长要相信孩子内在的生命动力,让孩子自由发展,只要到了适当的阶段,孩子自己就会爆发学习的兴趣,在自由和快乐中的学习,远比强制学习的效果好得多。

用游戏帮宝宝找到书写的感觉

宝宝蜡笔画

训练目的： 锻炼宝宝的精细动作技能，让宝宝体验不同材料的书写感觉。

训练步骤：

❶ 拿一张画纸和一根蜡笔，找不同的东西，比如树叶、三角尺、笔记本等，并讨论它们不同的手感——粗糙、光滑、有凹凸感、有细纹……

❷ 将纸覆盖在物品上，用蜡笔涂出物品的图纹，向宝宝解释为什么不同的物品有不同的图纹。

❸ 试着让宝宝用蜡笔画出人行道、鞋底、手、地毯和墙的图纹。

宝宝夹一夹

训练目的： 增强宝宝手指的灵活性及手部肌肉的力量。

训练步骤：

❶ 给宝宝准备一些生活图片，要求宝宝找出指定的图片，并用小的塑料夹子夹住递给大人。

❷ 再找第二张、第三张。

❸ 在宝宝能夹纸片的基础上夹布条、夹书……夹稍厚一点的东西。

亲子互动：

当宝宝听从大人的命令，用小夹子夹住大人指定的图片递给大人的时候，大人记得要表扬宝宝，这样宝宝才会觉得这个游戏很好玩，从而乐意反复玩这个游戏。夹子的使用训练了宝宝食指和拇指的灵活度和协调性，让宝宝慢慢地找到技巧，自如操作。

撕纸训练

训练目的： 发展手部动作，培养宝宝手指灵活性及控制能力。

训练步骤：

❶ 用笔在彩纸上画出几个简单的图案轮廓，如：苹果、蝴蝶、圆形、三角形等。

❷ 用大头针按着轮廓密密地扎小洞。如果有缝纫机最好用缝纫机按着轮廓走线。

❸ 鼓励宝宝拿扎好小洞的图形轮廓的彩纸来撕，因为有空隙，所以撕起来就容易多了，宝宝很容易就能把图形撕出来。

❹ 让宝宝把撕出来的轮廓用彩笔描绘好，使之更完善、更漂亮。

书写敏感期 4 大注意事项

1. 重视锻炼孩子"三指捏"

一般来说,孩子学会写汉字之前,都要经历用笔在纸上戳戳点点,来来回回画一些不规则的线条、圆圈,以及认字等阶段。家长要有意锻炼孩子三指捏的动作,比如拿勺子吃饭、三指捏取小珠子等等。

在此基础上,家长可以训练孩子画线,比如在纸上画一个长方形的小冰箱:让孩子先试着拿笔从左至右画横线(或者从上至下画竖线),再为冰箱填画上好看的花纹,在这个过程中孩子会慢慢掌握书写的正确方法。当然,家长也可以让孩子自己画一个图形,用这种方法进行填画。

2. 让宝宝保持写字热情

宝宝最初拿笔写字只是出于好奇和好玩,宝宝会把写字作为一个新鲜有趣的游戏,但宝宝的专注力比较弱,可能过了一段时间就会对这个"游戏"失去兴趣,家长可以帮助宝宝从书写中获得新的发现和体验,来保持宝宝的写字热情。给爸爸写留言条、给小朋友们写生日卡片、给亲戚写信,这些简单的活动可以使宝宝在书写中得到新的乐趣,并且体验到书写的真正意义。

3. 不要用书写作为惩罚手段

当宝宝犯错了,有的家长会说:"你不听话,罚你抄写半个小时!"这样的方式会让宝宝感到读书、写字等学习行为是一种惩罚方式,将来对学习产生厌恶和抵触心理。

4. 教会宝宝正确的写字姿势

(1)**胸离一拳**。身体坐正,两腿自然平放,头和上身稍向前倾,胸部离桌子一拳,两臂平放在桌面。右手执笔写字,左手按纸,纸要放正。另外,要给孩子配备高矮合适的桌椅。

(2)**眼离一尺**。写字时两眼要与桌面保持一尺的距离。

(3)**笔离一寸**。笔杆放在拇指、食指和中指的三个指尖之间,食指在前,拇指在左后,中指在右下,食指应较拇指低些,手指尖应距笔尖一寸。笔杆与纸保持 60 度的倾斜,掌心虚圆,指关节略弯曲。

Part 2
陪宝宝在尽情玩耍中走过自然认知敏感期

皮亚杰曾说:"幼儿的思维源于感知。"0~6岁除了是宝宝身体迅速成长的高峰期以外,也是宝宝脑部成长的高峰期。要抓住这个人生的关键期,让宝宝的身体和智力都得到优良的发展,就要为宝宝提供丰富多元的外部刺激,鼓励宝宝勇敢探索,走进大自然,这就是宝宝认识世界最好的天然教科书。

学龄前宝宝自然认知能力表现

年龄	自然认知能力特点
1岁	● 宝宝能根据事物的外部特征辨认物体，通过声音辨别家庭成员。 ● 能从一堆大小、形状相同而颜色不同的木块中挑出一个和成人手中一样的木块。
2岁	● 能够分辨红、黄、蓝、绿等常见颜色；能辨认上下前后方位，掌握圆形、方形、三角形。能较准确地辨别各种声音。 ● 能通过手接触更多的物体，从而知道物体的凉热、软硬等特征。 ● 能分辨物体的大小和远近，能区分白天和黑夜。 ● 观察带有很大的随意性，顺序混乱，前后重复，也多遗漏。 ● 通常只能观察到事物的粗略轮廓，看到事物的表面现象，易受外界刺激的影响而转移观察的目标，受情绪影响较大。 ● 常常要用手——指着所要观察的物体。
3岁	● 此阶段孩子喜欢询问他身边发生的各种事情，非常关心答案，因此回答要简单切题，告诉他做某些事情——"因为这些事对你有好处"或"你不会受伤"对他来说比详细的解释更有意义。 ● 此时孩子的推理仍然是单方面的，不能从两个方面考虑问题，也不能解决同时需要他考虑多种因素的问题。 ● 他对时间概念更加清楚，能理解某些特殊的时间，例如周末休息和生日。不过即使他能够告诉你自己几岁，他也没有一年究竟多长的时间概念。
4岁	● 可以理解一天可以分为上午、下午和晚上，一年有不同的季节。 ● 知道一周有几天，每天可以以小时和分钟计算。理解计数、字母、大小关系和几何形状名称的基本概念。 ● 孩子的许多问题会涉及"宇宙"方面，例如世界的起源、死亡与濒死，以及太阳和天空的成分。大人不要虚构答案，要求助于适合孩子的儿童书籍解决这些问题。
5岁	● 能初步理解现实世界与虚构世界的区别，知道一年中12个月的名称和一周中每一天的名称；开始能看懂钟表，时间概念已比较明确；也更有主见，会对大人的行为和周围的一些现象发表些"见解"。
6岁	● 开始知道季节、月份的概念，对每月的节日比较了解。 ● 会看钟表，时间概念已比较明确。 ● 能理解数字的含义，并会在对比的基础上找出物品或事物内部的数学规律。 ● 能调动各种感官，动手动脑，探究问题。

1 宝宝特别爱吃手

小宝宝三个月大的时候，会对自己的小手产生极大的兴趣。一开始，宝宝只是努力地把小手往自己嘴里送，一次又一次的尝试，总算成功了，然后就开始津津有味地品尝起自己的手指，小嘴都被手撑大了，不断有口水流出来，宝宝脸上却露出一种心满意足的表情。经过不断地练习，宝宝就可以娴熟地把手送进嘴里，吃手似乎成了他每天最主要的工作，如果妈妈把他的手从嘴里拿出来，他会马上哭闹以示抗议，直到再次将手送到嘴里。看着含着手指香甜睡去的宝宝，妈妈感觉很无奈，这是怎么回事呢？

口的作用不仅仅是饮食和说话，生命初始，口肩负着最原始的使命——唤醒身体的其他部分，开启认知世界之门。心理学专家认为，0至1岁半是婴儿的"口欲期"，如果未能满足的话，孩子长大后需要补偿，会出现咬手指、吸烟、酗酒、爱吃零食等问题。

每个宝宝出生时，最先觉醒的器官是口，当他还不知道自己是谁、能干什么的时候，口就有着神奇的敏感力。我们会看到新生的小宝宝还不能睁开眼睛，但是只要让他凑近乳头，他就能够自觉主动的吸吮了，这当然是宝宝天生就拥有的本能反射之一，但正是这一反射连接了宝宝和这个世界。

3个月左右的宝宝，进入口欲期。口有两个功能，第一个是吃，第二个是用口认识自己的身体。吃手是宝宝天生的需求，宝宝用这种方式体验口的部位、口的各种能力以及口的极限。与此同时，宝宝也在吃手的过程中认识自己身体部位之间的关系、自己和世界的关系。手在被吸吮的过程中被唤醒，宝宝会发现自己的手和口一样也是探寻世界的工具，进而用手把能

这孩子，怎么这么爱吃手啊？

抓到的东西塞进口里尝一尝。

可见，吮吸手指是婴儿智力发展的一个信号，是婴儿进入手指功能分化和手眼协调准备阶段的标志之一。

随着宝宝的长大，有时吃手也是一种寻求安慰的表现。若宝宝在成长过程中缺少亲人的肢体接触和抚慰，或者在饥饿或生病时没有得到及时的照顾，他会选择用吃手来满足自己。

如果家长对宝宝吃手的行为强行制止，会对宝宝以后的行为习惯造成不良影响。因为吃手的欲望没有得到满足，宝宝长大后会喜欢在在嘴里含东西，还有可能喜欢啃指甲、啃笔头，为了不让嘴闲下来，甚至长大以后会有唠叨、贪吃、嗜烟酒的习惯。

因此，面对热爱吃手的宝宝，家长不必过于焦虑，不要轻易打搅孩子的快乐，只要保证被吮吸的手是干净的即可。所有的宝宝都是通过吃手这个过程一步步认识世界的，可以说这也是幼儿发展的一个必经过程。宝宝认真吃手的时候不要打断他的工作，让他尽情享受吸吮的乐趣吧。同时，家长要多陪陪宝宝，给他营造一个温馨舒适的成长环境。

TIPS：

　　有些宝宝进入幼儿期后会重新开始吃手，这与习惯、情绪等有关。例如家中大人有吃手、咬指甲习惯的，宝宝便会跟着学；再比如刚上幼儿园时不适应，在焦虑、紧张情绪的驱使下，宝宝靠吃手来安抚自己。

给宝宝选一些抓握玩具

口欲期阶段,爸爸妈妈要有意识地放一些能够吸引孩子并且便于抓握的玩具在他的手中,如拨浪鼓、塑料捏响玩具等。

刚开始先用玩具去触碰宝宝的手,让他感觉不同物体的不同质地。等到宝宝的手能够完全展开后,将玩具的小柄放入宝宝的手中,使之握紧再慢慢抽出。也可用宝宝的手去触摸某些物体,如吃奶的时候把宝宝的手放在母亲的乳房上或脸上,让他触摸;抱着宝宝时前方放一些玩具,让他去触碰,以帮助他进行早期的感知活动。

训练一个阶段之后他就会主动地抓握玩具,这时给宝宝选择带柄且易于抓握又能发出声音的玩具比较适宜,如摇铃、串珠等。

3种方法训练宝宝抓握

除了玩具训练,比较好的抓握训练方法还有:手指开闭训练、刺激抓握训练、强化按摩训练。

1. 手指开闭训练

妈妈还可以在宝宝吃饱喝足、心情愉快的时候,一边对宝宝说话或唱歌,一边轻轻地掰开宝宝拇指,再将手指一根一根打开,轻柔地抚摸宝宝手指,再一根一根合拢,如此反复进行。

2. 刺激抓握训练

为了刺激宝宝的抓握,妈妈可以把一个颜色鲜艳的玩具或物体放在宝宝能够抓到的地方,并且鼓励他去抓,不要把玩具放得太远了,以免他因抓不到而感到沮丧、泄气。

3. 强化按摩训练

妈妈可以用按摩的方法强化宝宝的抓握能力,每天都可以给宝宝做手指按摩操。按摩的部位可以是手指的背部、腹部及两侧,但重点是指端,因为指尖上布满了感觉神经,是感觉最敏锐的部位,按摩指端更能刺激大脑皮层的发育。

宝宝过分吃手也会有危害

一般来说,2岁以下的宝宝吮吸手指并没有不好,但若宝宝2岁以上,就必须谨慎观察所带来的影响,不要让宝宝因为过分吮吸手指而影响到日后的健康。

手:宝宝常吃手,小手浸泡在口水里,受到牙齿的压迫,时间一久容易出现手指脱皮、肿胀、感染、变形。

牙齿:小手放在嘴里,影响出牙,时间一久可能会引起牙齿排列不整齐,牙齿闭合不良。

卫生:宝宝的小手东摸西动,粘了不少脏东西,一吃手,脏东西就入口了,容易引起腹泻、感染寄生虫等。

心理:如果宝宝形成了吃手的坏习惯,不仅影响宝宝的身体健康,也容易产生紧张、焦虑、自卑、抑郁等不良情绪情感,影响宝宝的心理健康。

预防宝宝过分吃手的妙招

要预防宝宝过分吮吸手指,最好在婴儿期就开始行动,如下方法值得借鉴:

1. 母乳喂养

母乳喂养能提供给宝宝足够的关爱和温暖,是满足婴儿口欲的重要方式。若人工喂养,奶嘴的洞不宜开得太大,可让孩子满足吸吮欲望。

2. 多给宝宝玩些手动玩具

让宝宝多玩些悬吊风铃、手摇铃、拨浪鼓等玩具,吸引宝宝用手去抓、拉、扯,这可提升宝宝的手部能力并令其明白,手不是只能放进嘴里,还可以做其他动作,比吸吮手指来得更有成就感,于是慢慢就会减少将手放在嘴里的动作。

3. 提升宝宝认知能力

让宝宝多接触各种不同类型的东西，比如带他到公园、儿童乐园去玩，看看花、树、车……接受周围事物刺激多了，能极大转移宝宝对手的注意力，以免有事没事只想着去吸吮手指。

5. 给小嘴找个依靠

当宝宝吃手时，妈妈可以给宝宝一块磨牙饼干、水果条，让他的小嘴啃啃，或来个安慰奶嘴、磨牙棒替换一下小手。当然啦，安慰奶嘴和磨牙棒要注意清洁和消毒。

4. 多陪陪宝宝

利用空闲时间爸爸妈妈要多搂抱、多陪伴宝宝，仔细分辨宝宝的各种要求，满足他的各种需要，多和他谈话、唱儿歌、玩积木或看图书等，让宝宝在游戏活动中忘记吮手指。妈妈还可以为宝宝做抚触按摩，让宝宝时时感到安全、幸福、满足。

6. 请医生帮帮忙

如果宝宝满 4 岁了还喜欢吃手，就应当带着宝宝一起咨询心理医生，和医生一起分析宝宝吸吮手指的原因，根据不同原因进行纠正。

2 什么都往嘴巴里塞

宝宝一天天长大，白胖喜人，对周围的一切事物都表现出极大的好奇心，经常想要从自己的小床里"逃"出去。于是，妈妈就把各种各样的玩具堆在小床里，以便转移宝宝注意力。

然而，妈妈突然发现一件"可怕"的事情——宝贝不是在玩玩具，而是在吃玩具。

玩具熊、摇铃、橡皮鸭全部要放在嘴里尝一遍，而且啃咬得十分细致，啃完玩具熊的耳朵和手脚，还要仔细地咬一咬玩具熊的塑料鼻头。有天竟然发现宝贝把自己的袜子塞进了嘴里，还津津有味的吧嗒嘴，放下了袜子，又去咬自己的小枕头。妈妈不禁担心

起来，宝贝是不是体内缺乏某种营养啊？

其实，家长不必紧张。如果你细心观察，就会发现宝宝把玩具或其他物品塞到嘴中，并不会把塞进嘴里的东西真的吃进去，而是很快把不能吃的东西吐出来，再用手摆弄。

这是宝宝进入口部敏感期的表现，标志着宝宝心理发育进入新阶段，是一种的健康自我安慰的方式，会使宝宝镇静情绪，有利于他感知能力的发展。

宝宝天生就有吸吮和抓握的本能，但这个阶段的宝宝认识物品的方式不是用眼睛仔细地观察，而是将物品送到嘴里去啃。

宝宝会急切地用舌头和嘴唇去感受物品的性质和种类，他在用舌头的味觉和嘴唇的触觉去感受和吸收物品的特点。

每一次的啃咬都是有意义的，大脑会综合比较来自嘴唇的不同质量、不同形状、不同味道的感受加工成各种信息，并且分门别类的储存起来，

这就是大脑工作的早期产品——表象。

面对如此热衷于探索的宝宝,家长不仅不能阻挠宝宝的尝试,更应该为宝宝提供丰富的可供他抓咬的玩具,这些玩具应该有不同的质量和触感。在宝宝啃咬的时候,家长可以用语言进行简单讲解。

比如,宝宝咬到了橡皮鸭子,家长可以告诉他这是"软的";宝宝发现积木块咬不动,家长可以告诉他这是"硬的"。这样可以帮助宝宝识别两种物品的区别并且加深印象。但家长不能要求宝宝重复对应的形容词,这样会打断宝宝的工作。

如果宝宝在口的敏感期内没有得到满足,长大后可能容易出现一些不良习惯。比如捡食落在地上的食物、抢夺别人的东西,喜欢在学习时吃东西。

因此,家长应该相信宝宝成长的本能欲求,在宝宝的成长过程中包容他的一些看似疯狂的举动,给宝宝提供自由选择和探索的机会。

TIPS:

宝宝咬东西时往往伴随着大量的黏糊糊的口水,因为啃咬会刺激唾液腺,使口水大量分泌;另一方面,乳牙的萌出刺激牙龈上的神经,使唾液分泌增加。所以,你最好给他系上一条围嘴,并时刻准备擦掉他挂在下巴上的口水。

健康安全地啃咬

宝宝在口敏感期中，见到什么就想咬。所以在一些细节方面家长就要多加留心，让宝宝咬得安全又健康。

给宝宝买玩具时，一定要买适合宝宝年龄的，不能有容易被宝宝吞下去的细小组件，尤其是毛绒玩具上的小配件，一定要检查是否牢固，防备宝宝咽下去。

定期清洗玩具，使宝宝咬得干净安全。还要注意屋里栽花的泥土，随时收拾干净，看护好宝宝，不能让他吞咽下去。随时捡起房间地板上的碎屑，保持地毯干净，保证宝宝拿起地毯一角来咬也是安全的。

TIPS

婴儿探索认知新事物，第一反应是用嘴尝试，因为他要先了解这样东西是什么味道，是硬还是软，好不好吃。这是孩子发育过程中正常的行为。家长要尽可能地满足宝宝这一探索需求。

出牙也爱咬东西

宝宝出牙的时候也特别爱咬东西。出牙时，宝宝牙龈发红，而且又胀又痒，啃咬东西会让宝宝感觉更加舒服些。于是他就不断地去咬能拿到的一切物体。等到宝宝的牙齿出全了，咬东西的现象就会渐渐消失。

家长可以做些事情来帮帮他。比如在手指上缠上干净的纱布，然后伸进他的嘴巴里按摩牙龈；还可以给他一块磨牙饼干，这是一种特为萌牙期的宝宝制造的硬质饼干；或者递给他婴儿专用的牙胶和磨牙玩具，既安全又解决问题。

家长还可以在辅食当中增加有一定硬度的食品，可以增强他的咀嚼能力，有利于牙齿的生长。例如，给宝宝喂食水果条、干面包等食物，就是给了他们锻炼牙齿的机会。只有在不断的练习中，宝宝的咀嚼能力才会变得越来越强。

宝宝手足运动小游戏

1. 翩翩起舞小宝宝

在宝宝清醒的时候，播放乐曲，慢慢举起宝宝的小手或小脚，随着节奏摆动。逐渐培养宝宝听见乐曲，就主动地"舞蹈"起来的习惯。这一游戏不仅可以帮助宝宝锻炼上肢，还能提高他们对音乐的感受能力。

2. 体操小王子

抬起宝宝的双脚与床面呈45°，屈伸宝宝双腿至腹部。放下宝宝的双脚，让宝宝舒服地仰卧。也可以左右腿分别重复以上动作。大人可同时唱儿歌："宝宝做体操，伸伸腿，伸伸腰，从小就要练身体，健康宝宝乐淘淘。"愉快的节奏，配合宝宝的双脚运动，会让宝宝觉得身心舒服。

3. 宝宝升空特技

把两个食指分别放到宝宝的手心，等宝宝自动握住大人的手指，或者指导宝宝握住大人的手指。慢慢地抬起手臂，慢慢地将宝宝提起，不断地把宝宝提上提下。

这个游戏可以帮助宝宝较好地活动下肢关节和肌肉，促进宝宝空间知觉的发展，提高宝宝的运动智慧和空间智慧。

4. 小手摆啊摆

妈妈举起宝宝双手，在其视野正前方晃动几下，引起宝宝对手的注意。一边念儿歌，一边轻轻摆动宝宝的小手，让宝宝的视线追随手的运动："小手小手摇一摇，小手小手摆一摆，小手小手跑得快。"念"跑得快"时，以稍快的速度将宝宝的双手平放到身体两侧。宝宝可以从中感受到自己的身体随运动的变化，帮助其逐步地认识到手的作用。

3 出现挑食现象

在给宝宝添加辅食的过程中，常见的一种现象就是，宝宝对某些食物特别容易接受，非常喜欢吃，而对另外一些食物则很反感，怎么哄都不吃。这就是宝宝最初的挑食现象。越是味觉敏感的宝宝，越喜欢挑食。到七八个月时，随着辅食品种的逐渐丰富，宝宝这种对食物的偏好会表现得更加明显。

宝宝为什么会出现这种现象呢？

● **受到妈妈的影响**

妈妈在孕期和哺乳期对食物的喜好度，会影响宝宝对食物的接受度。一项研究显示，如果孕妇和哺乳期妈妈经常喝牛奶，她们的宝宝往往比其他宝宝更能接受牛奶味。

另外，若妈妈在言语之中经常流露出对某些食物的偏见，就会让宝宝先入为主，觉得不好吃，从而不愿吃。

● **过分投其所好**

在给宝宝添加辅食的过程中，如果妈妈一看到宝宝不愿吃或稍有不适，就马上心疼地让宝宝停下来，不再让吃；或者对宝宝的饮食偏好总是有求必应，从而使宝宝专挑自己喜欢的东西吃，这样就容易使宝宝错过了味觉、嗅觉及口感的最佳形成和发育机会，不仅造成断奶困难，越来越挑食，而且日后可能会形成厌食症。

● **未把握喂食时间**

宝宝刚睡醒，或正玩得高兴时，就让宝宝吃东西，很容易让宝宝厌烦、不高兴，从而不爱吃这种食物，造成挑食。

● **食物单调**

有些年轻父母图省事，总买些现成的果泥、蔬菜泥之类的食物给宝宝吃，缺少变化；或者宝宝爱吃什么，就总给宝宝做什么，吃腻了，自然就挑食了。

● **饭桌上面讲条件**

家长为了能够让宝宝"自愿"吃他们不喜欢的蔬果，不得不用一些宝宝喜欢的甜品作为"诱饵"或者"交换条件"。这种方法给宝宝一个错误的信息——甜品是一种奖励，比蔬菜更有"食用价值"，结果是宝宝越来越喜欢甜品，讨厌有营养的蔬菜。

● **边玩边吃饭**

这是许多宝宝的"通病"，玩耍分散了宝宝的食欲，正餐时未吃饱，就靠零食来补充。如果养成常吃零食的习惯，会导致胃肠道消化液不停分泌，胃肠缺乏必要的休息，最终可能引起消化功能减弱，食欲下降。

● **对宝宝的初期"挑食"态度过于强硬。**

宝宝在七八个月时，对于食物已经能表示出偏好，这就是最初的"挑食"现象。然而，这种"挑食"并不是挑食。因为宝宝在这个月龄不喜欢吃的东西，很有可能到了下个月就又爱吃了。而家长并不了解这一点，担心宝宝营养不良，因而采取强硬的态度喂食，时间一长，就会使宝宝对这种不爱吃的食物形成条件反射，一见到便感到恶心，以后很难再接受这种食物，从而导致真正的挑食习惯。

> **TIPS：**
>
> 出生5～8个月，随着辅食的添加，宝宝个性也有明显的发展，更具独立性和主动性，好奇心强，在饮食行为上喜欢自我做主，对父母要求进食的食物产生反感，甚至厌恶，出现挑食现象。孩子挑食，父母无需过分焦虑，以免造成宝宝逆反，甚至影响亲子关系。

● **家庭气氛不和**

若父母常发生争执，宝宝就会精神紧张，导致没有食欲，也会诱发挑食。

1岁以前是宝宝嗅觉和味觉发育的关键时期，家长应该尽量给宝宝感受多种多样的气味和味道，这样可以使宝宝完善嗅觉、味觉和口感的形成。体验越广泛，器官就得到了越多的刺激，也就越灵敏。如果宝宝的食物口味过于单一，他的嗅觉味觉可能不够发达，在以后的生活中就不愿意接受其他口味的食物，容易造成挑食。

与视觉和听觉相比，嗅觉和味觉的发育似乎对很少受到家长的重视。其实，嗅觉和味觉是人类最初维护生存、防御危险、认识环境的重要手段，因此，对宝宝进行嗅觉和味觉的训练可以促进宝宝感官的全面发展。

宝宝进食的小秘密

身为妈妈，你知道宝宝进食的小秘密吗？

秘密1： 宝宝在接受新食物前有很长的一个适应期，但是有75%的妈妈在宝宝"拒绝"5次后，就误以为宝宝以后再也不会喜欢这种食物，忽略了宝宝对食物的熟悉过程。

秘密2： 宝宝再大一点能够自己进食以后，会热衷于尝试各种各样的食物，他会打开所有的食品袋，每一样都吃一口。这是因为宝宝吃东西的目的是为了体验嗅觉和味觉的感受，了解外在事物，进而形成经验，构建自我。成年人往往把这样的行为理解为没规矩，为了让宝宝节约的吃，会一次只给宝宝一两样，这样宝宝就失去了对比味道的机会。

秘密3： 宝宝在尝试熟悉某种新食物前，很有自己的一套方法，即"一闻、二玩、三吃"，但很多妈妈都不太了解宝宝的这种行为，就会阻止宝宝尝试新食物。

8大招数，纠正宝宝挑食

采取以下八大招数，可有效地纠正宝宝的挑食习惯。

1. 巧妙利用宝宝的好奇心

家长可以在宝宝面前津津有味地吃着他不喜欢吃的菜肴，并赞不绝口，常说"真好吃啊"之类的话，几次之后，宝宝就会对该食物多了一份好奇心，同时为了加入爸爸妈妈的聊天中，开始吃他原来不爱吃的食物。

2. 减少食物种类

在每次进食的时候，不要出现太多不同种类的食物。宝宝的胃口不大，如果喜欢的东西太多，他自然会排斥那些他不喜欢吃的，让宝宝在没有太多选择的情况下进食。

3. 巧妙加工

如果接连尝试几次之后，宝宝都拒绝吃不爱吃的食物，那么就需要在烹调方法上下工夫了，如注意颜色搭配、适当调味或改变形状等。

不爱吃胡萝卜泥，可以把胡萝卜切得碎碎的，做成胡萝卜粥喂给宝宝，或者在确认食物不会过敏的前提下，将一点点胡萝卜泥混在南瓜泥或土豆泥中，这样宝宝可能更容易接受，然后再慢慢调整二者的比例，让宝宝逐渐适应胡萝卜的味道。

总之，要多变些花样，让宝宝总有新鲜感，慢慢适应原来不爱吃的食物。

4. 不强迫也不放弃

每个宝宝都可能有不同程度的挑食，父母越强行纠正，宝宝可能会越反感，因此不宜强迫进食。很可能过一段时间后，宝宝会接受某种原来不爱吃的食物。但也不能因为某种食物宝宝不爱吃就不再给他做，听之任之。

例如，宝宝可能很容易接受南瓜泥和土豆泥，却不怎么喜欢胡萝卜泥。这个时候，妈妈不要轻易放弃，也不要草率地给宝宝扣上一顶"不爱吃胡萝卜"的帽子！允许宝宝继续吃他喜欢的南瓜泥和土豆泥，但也不让胡萝卜泥彻底消失，而是在给宝宝喂几口南瓜泥或土豆泥之后，再给宝宝喂一点胡萝卜泥。妈妈的态度一定要温和，微笑着用鼓励的眼神望着宝宝，让他感觉安全。如果宝宝仍然不接受，那也没有关系，马上把胡萝卜泥拿开。但是在下一次添加辅食时，依旧这么做。

据调查研究，宝宝对"眼熟"、"口熟"的食物更有偏好度，只有这个食物反复出现在餐桌上，宝宝才会试着去接受。所以，妈妈在诱导宝宝接受新食物时要有足够的耐心，对于宝宝不喜欢吃的食物，应千方百计、变换花样让宝宝尝试，即使尝试20次也不为过。这样坚持下去，宝宝就有可能接受原本不爱吃的食物了。

5. 创造进食契机

不要让宝宝在饭前吃太多的零食，肚子饱会降低他们进食的欲望；另外，就是注意加大宝宝的体能消耗，让宝宝感觉到饿，自然会饥不择食了。

6. 以身作则，不随便评论

父母的饮食习惯会在很大程度上影响着宝宝，因此父母应当调整自己的饮食习惯，不能因为自己不喜欢吃什么就不做什么，也不让宝宝吃。更不能在宝宝面前随意议论什么菜好吃、什么菜不好吃，以便努力使宝宝得到全面丰富的营养。

7. 巩固宝宝对食物的兴趣

除了要在宝宝不喜欢吃的食物上多花心思，想方设法变着花样给宝宝吃，让宝宝由不喜欢变为喜欢，在宝宝喜欢的食物上，妈妈也需要花一些心思，不能上顿接下顿地接着吃，也不能每次都是同一种做法，以防宝宝吃腻了某种食物，由喜欢变为不喜欢进而厌弃。妈妈要在满足宝宝营养需求的基础上，合理安排宝宝的食谱，例如，今天给宝宝做了鸡蛋羹，明天可以给宝宝煮鸡蛋，过些日子再摊成荷包蛋给宝宝吃，让宝宝始终保持对于鸡蛋的兴趣。

8. 鼓励进步

宝宝对不爱吃的食物能吃一点了，爸爸妈妈都应及时予以鼓励，这样宝宝会得到满足感，从而会更加爱吃。

不过，对于宝宝挑食的毛病，也不必太着急，因为宝宝在婴儿期不爱吃的某些食物，到了幼儿期就可能变得爱吃。对于挑食的纠正，做些努力是必要的，但一定不要强制进行，以免引起宝宝的反感，影响日后良好饮食习惯的培养。

培养孩子不挑食的方法

1. 从添加辅食开始

鱼、肉、蛋、奶、蔬菜、水果、谷类中的营养各有侧重,只有每天吃足这7类膳食才能保障宝宝获得充足、均衡的营养,支持宝宝的生长发育。

但家长若经常用威胁、责骂等方法逼迫宝宝吃这些东西,不仅不能纠正宝宝挑食,还会使宝宝产生逆反心理,长此以往就会使亲子关系"剑拔弩张"。

所以,应该在宝宝小的时候就注意在生活中慢慢培养良好的饮食习惯,将宝宝的挑食苗头及时制止,只有平衡各种营养,宝宝才能拥有一个好的身体去迎接美好的未来。

2. 扩大孩子食物选择面

纠正孩子挑食不能急于求成,要给挑食的孩子提供健康的饮食和选择食物的自由,有意扩大宝宝对食物的选择面,尽可能让宝宝尝试新食物,也可选择专门针对挑食孩子的全营养配方奶粉等。

巧妙训练嗅觉和味觉

嗅觉	闻花香	带宝宝去大自然中,闻闻花的香气、草的气息
	闻生活用品	给宝宝闻各种香型的香皂和香水味,能够促进嗅觉发育
	闻醋味	感受一下酸味
	闻臭味	拿臭豆腐给宝宝闻闻,并告诉他这是臭味
味觉	喂果汁	宝宝3个月以后可以喝一些水果榨成的汁,不仅能够刺激味觉发展,还能补充维生素
	增加辅食	宝宝4个月后开始增加辅食,帮助宝宝适应其他食物的味道,为断奶做准备
	吃果肉	宝宝4个月后,可以吃一些香蕉肉或橘子肉
	吃点苦	宝宝生病吃药时,适当给他尝一尝苦味

4 喜欢玩弄食物

口和手是人体触觉最敏感的部位，宝宝在吃手的过程中，手的触觉被口唤醒，他开始用手代替口去探索世界。

七八个月的宝宝非常喜欢用手抓各种物品，玩具熊是柔软的，积木块是坚硬的，水是凉凉的，菜汤是热乎乎的……原来身边的物品除了吃起来不一样，摸起来感觉是不一样的！宝宝身体力行地尝试着各种物品的触感，在这个过程中，宝宝对各种物品的性状有了更全面的了解。同时，他的身体也会记住这些经历，碰到针尖会很痛，热水杯也很可怕，妈妈的手最安全……只有真正触摸过，他才会明白，什么东西是安全的，什么东西是危险的。只有身体记住了这些感觉，他才会在以后的生活中主动躲过外在的伤害。

在冷、热、坚硬、柔软这些触感中，宝宝最喜欢柔软的感觉了，面团不仅捏在手里很舒服，还能够随着小手的抓捏变化形状，真是太神奇了！因此，很多宝宝都喜欢玩食物，他会把香蕉抓得惨不忍睹才放到嘴里尝，面条也是很好的玩具，挂的满头满身都是，如果有机会，他也会去抓一些脏兮兮的泥巴，甚至有的宝宝会喜欢抓鼻涕玩，这些让家长无法容忍的"恶心"动作，却让宝宝得到了莫大的快乐。

很多家长并不理解宝宝是在边玩边学，只觉得自家宝宝玩食物实在玩得太恶心了，而且非常浪费，就会阻止宝宝抓捏食物，不让宝宝接触黏稠稀软的东西。其实这是剥夺了宝宝探索世界的机会。

0～3岁是宝宝触觉发育的关键时期，家长不但不该阻止宝宝用手抓各种东西，反而应该提供各种触感的材料供宝宝抓捏。当然，在宝宝抓捏时最好有成年人看着，保证宝宝的"玩具"是安全健康的，所以，家长要在宝宝吃东西前把宝宝的小手洗干净，宝宝一时兴起时，不妨让他玩一玩。等过了这个阶段，宝宝就会对这个游戏失去兴趣。

如果宝宝在年幼的时候得不到满足，长大后容易养成不良的就餐习惯，比如：吃饭时注意力不集中，边吃饭边磨蹭。

吃饭也"游戏"

1. 这是什么味儿?

将西瓜汁、黄瓜汁、橙汁等装在3个透明的杯子里,让宝宝观察一下,它们的颜色有什么不同?先用小勺盛点西瓜汁,让宝宝尝一尝,告诉他这是西瓜汁,问问他是什么味儿的?再用同样的方法,让他尝尝黄瓜汁、橙汁。

这个游戏可以让宝宝辨别不同食物的味道,丰富味觉体验。

2. 有趣的气泡

准备一根吸管,盛一杯鲜榨苹果汁或橙汁,加入一些凉白开水稀释一下,放在桌子上。教宝宝将吸管放在杯子里,往里面吹气。吹气时会弄出声响,并且能产生很多泡泡,宝宝会觉得很有趣。

这个游戏可以锻炼宝宝小嘴的肌肉运动机能,增加肺活量。

3. 听话指物

把苹果、香蕉、梨、鲜枣、猕猴桃等摆放在一起。你说一样东西,宝宝就将相应的东西用手指出来,比如你说:"把苹果给妈妈。"引导宝宝将苹果递给你。开始时,可以从2种东西开始,等宝宝知道的食物名称多了以后,逐渐增加种类和数量,教他从众多的食物中,把你想让他拿的东西挑出来。

这一游戏可以提高孩子的注意力和对语言的理解能力。

4. 找啊找朋友

准备几张水果图片和相应的实物，如橙子、香蕉、梨、苹果、橘子等。将水果洗净放在水果盘里，图片摆成一排。让宝宝先摸一摸水果，再看看相应的图片，比一比哪些是一样的？然后教他把实物水果放在相应的图片上。

这一游戏可教宝宝学会比较和观察，理解一一对应的关系。

6. 抓面条

将煮熟的意大利面条放在托盘里，晾凉后端到宝宝面前，看看他有什么反应。宝宝可能会用手去捏、掐、扔着玩，或许捏起来放进嘴里，不管他怎么做都可以。如果面条掉在桌子上了，就教宝宝捡回托盘里。

这一游戏可以锻炼宝宝的精细动作能力，培养宝宝生活自理能力。

5. 五颜六色的水果蔬菜

将苹果、香蕉、黄瓜、西红柿等蔬菜水果洗净后，装在水果盘里，放在桌子上，教宝宝辨认食物及其颜色。比如，你先拿出一根黄瓜来，让宝宝看一会儿，告诉他："这是黄瓜，绿颜色的黄瓜。"再拿一个苹果，告诉他："这是苹果，红色的苹果。"还可以让宝宝摸一摸闻一闻。

这一游戏可以增加宝宝对食物的认识，还能增加词汇量。

7. 蔬菜水果塔

将苹果、梨、黄瓜、胡萝卜等切成大小不同的块，教宝宝按照大小不等的块码起来，大块的放在下面，小块的放在上面。还可以按照不同的颜色，交替码起来。比如红色的放在第一层，绿色的放在第二层。如果宝宝想吃一块水果，可以让他从中抽出一块来，看看码好的东西会不会倒下来。

宝宝通过这一游戏将从中学会按照大小或颜色进行分类、构建空间概念等。

如果你真的不喜欢宝宝玩弄食物

允许宝宝吃饭时随便抓捏食物，能使你更加轻松，并且对宝宝对待食物的态度产生积极的影响。他会在吃饭时感到更加愉快，这样就能与食物形成良好的关系，并能使宝宝健健康康长大。

不过，若家长实在忍受不了宝宝吃一顿饭就搞得满地狼藉，或者宝宝已经到了可以独自用餐具吃饭的阶段，可以尝试以下几种办法，减少宝宝玩食物的次数。

1. 给孩子准备容易吃的食物。

如果食物太大，孩子不容易吃，他自然会玩来玩去。为了不让餐桌过于混乱，可以把食物切成孩子容易舀起和咀嚼的大小。

2. 吃饭时跟孩子交谈。

如果吃饭时你多关注一下孩子的情绪，适当夸奖孩子比如不挑食、能自己吃饭等等，他就不会再想着用玩食物的办法来引起你的注意了。

3. 制订家庭规则

规定吃饭的时间是多长，时间到了，立即收碗筷；吃饭以外的时间不能吃其他主食；饭前1小时内不允许吃零食。把这些家庭规则告诉宝宝，并且你也认真遵守。

4. 用餐时保持心情愉悦

尽量避免在饭桌上斥责宝宝，以免破坏进餐情绪；不要勉强宝宝吃太烫的食物，或把宝宝一个人留在餐桌前吃饭，以免他感到无聊从而去玩食物。

TIPS：

宝宝可能想用手抓一些危险的东西，比如缝衣针、仙人掌、滚烫的粥，家长如果严厉地不让他触碰，他总会找到机会自己尝试一下。家长不如小心地抓着他的小手轻轻地碰一下，让他感受一下危险的触觉。

5 就爱听声响

科学家们曾做过这样一个试验：

对刚刚出生的小宝宝用铃声和嗡嗡声做刺激。当在他右侧的铃声响起时，家长让他吮吸糖水；当在他左侧的嗡嗡声响起时，家长不让他吮吸糖水。就这样坚持一段时间，当铃声响起时，他就会把头转向右边，但当嗡嗡声响起时，他却不做任何反应。

由此，科学家得出一个结论：刚出生的婴儿已具备了一定的听力。在这一时期，如果家长有意识地对孩子进行听觉刺激，孩子的听觉能力就会迅速提高。

和其他方面相比，婴儿听觉的发展可能很细微，不容易被家长发现。其实婴儿的听觉能力远远超出成人的想象。

宝宝听到收音机或电视机的声音，能够立即转头寻找声源。家长对着宝宝说话或唱歌，他会安静地注视着家长，偶然还会发出声音来"应答"。对隔壁房间发出的声音、室外动物的叫声或其他大的声响也能主动寻找。这些细节都是宝宝听觉能力发展的表现。

宝宝喜欢倾听周围环境中的各种声音，悦耳的声音更能引起他的兴趣。一旦周围没有了声音，他就会自己制造声音——哭声。而在周围环境中有声音的时候，他就不会哭泣，而是安静地倾听。

父母如果细心观察还会发现，孩子在听到闹钟里的音乐和电视里的歌声时也会停止哭闹。如此看来，孩子确实喜欢待在有声音的环境中，而悦耳的声音更是能够让他情绪稳定。

听力是宝宝探索世界、认识世界、从外界获取信息不可缺少的重要手段，对宝宝的智力开发和语言学习也有着举足轻重的作用。宝宝学习语言的黄金时期是3岁之前。在这一阶段，宝宝主要是以"听"为主，若此时不能充分接触各种声音、不与人多作言语交流，或听力出现问题，宝宝就会出现语言发育障碍，导致日后生活、学习和人际交往的困难，影响智力发育。因而，家长要注意多训练宝宝的听力。

不过，也有的婴儿听力发育较为迟缓，刚一出生好像对声音就一点也不敏感，似乎什么都听不见，这种时候家长可以先咨询医生，然后根据医生的建议再做相应的观察。

宝宝最爱听的美妙声音

1. 多和宝宝说话

宝宝非常喜欢爸爸妈妈跟他说话，尽管他们还听不懂。爸爸妈妈的声音是宝宝听力发育的"营养素"，尤其是那些热情洋溢的语调，能给宝宝带来很好的听觉刺激。另外，大人的声音对宝宝的智力发育也相当重要，因为宝宝最早的智力活动就是通过聆听大人的语言来进行学习的。

2. 给宝宝唱歌

当宝宝睡醒或哭闹时，妈妈可以用柔和的、充满爱意的音调唱歌给他听，这可以使宝宝停止哭泣吵闹，变得平静。给宝宝换尿布或是洗澡的时候，也可以为他唱唱歌或哼哼调，从中宝宝可以跟你学习如何正确地运用嘴唇发音。

3. 为宝宝解释外界的各种声音

无论是飞机的轰鸣声，还是汽车的鸣笛声，抑或是一只小猫的喵喵叫声、小狗汪汪声，或者小鸟叽叽喳喳的叫声，只要宝宝显示了关注的神态，表示了好奇，爸爸妈妈就要耐心细致地为宝宝解释这是什么声音，帮助宝宝加深印象，进一步了解周围的世界。

6. 和宝宝一起看画册

动物或瓜果蔬菜等图画书很适合妈妈和宝宝一起翻看。妈妈可以一边让宝宝看着图画,一边为他讲解其中的内容,以便加深宝宝对图画的理解。比如,妈妈可以告诉宝宝图画里动物的名称和叫声,并和他一起模仿这些动物的叫声。以后可以经常指着图画问宝宝:"这是什么动物啊?它是怎样叫的呢?"让宝宝认清动物并正确地模仿出动物的叫声。以此类推,通过这种方式,也可让宝宝认交通工具、日常生活用品和玩具等。

5. 提供锻炼听力的玩具

可选择风铃、八音盒、摇铃、拨浪鼓及电子琴等音乐玩具,也应经常给宝宝听一些轻快、优美的音乐声,不仅能锻炼宝宝听力,对塑造宝宝活泼天真的个性和良好的审美情绪也很有帮助。

4. 亲自给宝宝读故事

给宝宝读故事,最好还是爸爸妈妈亲力亲为,因为只有爸爸妈妈的声音,才是宝宝最需要的声音。爸爸妈妈读故事时,宝宝自己也可以看到图画,图画、文字和爸爸妈妈的讲述结合在一起,会让宝宝更集中注意力,也让读故事的效果事半功倍。读故事,不仅仅是让宝宝去学习,更重要的是父母和宝宝的互动,让宝宝听听爸爸妈妈的声音,会让宝宝对父母产生浓厚的眷恋情绪。

宝宝听力训练 5 大注意事项

1	户外鸟儿、虫儿、小动物的叫声,窗外的风声、雨声、马路上的各种车辆行进声等等,和宝宝一起倾听,感受自然界中的音乐美。
2	根据宝宝年龄特点选择适合的音乐。0~12个月的宝宝,可以选择轻柔、缓慢的音乐让他们倾听,让他们感到安全、舒适。到1~1.5岁时,可以选择有象声词、反映各种音响的音乐让他们倾听,鼓励他们模仿发音。2~3岁的宝宝,可以选择短小、具有鲜明音乐形象的音乐让他们倾听,发展他们的音乐理解力和想象力。
3	成人陪宝宝倾听音乐,态度一定要认真,不要随便讲话,让他们养成安静听音乐的习惯。
4	鼓励宝宝用简单的动作和语言表达自己的感受。
5	宝宝的专注持续时间很短,每次倾听音乐最好控制在5~10分钟之内,以免时间过长,使宝宝感到疲倦,失去兴趣。

宝宝听力障碍表现

月龄	表现
0~3个月	对于突然而来的巨大声响丝毫没有反应。
3~6个月	对出现的声音不会寻找声源。
9~12个月	不会跟随大人的指示去做。
12~15个月	不会叫"爸爸"、"妈妈"。
15~18个月	对于爸爸妈妈讲的话无法理解,叫不出"爸爸、妈妈"。
18~24个月	不能说出两句或两句以上的儿歌。
24个月后	还不会表达自己的需要,语言障碍及反应迟钝明显,如听不见小鸟叫,对电话铃声、门铃声无反应等。

有听力障碍的宝宝如能得到及早确认,便可早日得到治疗和训练,并且治疗上也比较简单,可使一些宝宝的听力完全恢复,即使利用残余听力学习语言,也不至于日后不会说话。

TIPS:

一般来说,在0~2岁这一阶段,既是孩子听觉发展的敏感期,也是他们视觉发展的敏感期,因此,每一位家长在这一阶段,不仅要有意识地为孩子提供丰富的听觉环境,还要对他们进行合理的视觉刺激。拨浪鼓、摇铃都是很好的训练工具。

测试宝宝听力的 4 种方法

若宝宝没有具备各阶段听力的发育特点，妈妈可就要特别当心了。下面是测试宝宝听力的几种常用方法，家长可以参考一下。

1. 击掌测试

宝宝未满 3 个月时，大人与宝宝保持 1 米左右的距离，在他后面或左右拍拍手，仔细观察宝宝是否听到击掌声，是否有眨眼、惊跳、寻找等动作，若有，则说明宝宝听力良好。反之，则存在问题。

2. 铃声测听

宝宝满 3 个月后，在宝宝清醒和吃饱喝足的时候，保持四周安静，在他的耳后 10～15 厘米的上方摇动一只铃铛，切记不能让宝宝看见铃铛。

铃声响起后，如果宝宝立即停止活动，或听到后眨眼睛，并四处寻找，说明听力很好。而如果没有任何反应，或反应迟钝，则说明宝宝的听力存在问题。

3. 呼唤测听

宝宝满 4 个月之后，已经有能力转动他的头了。你叫他的名字，看他是否把头转向你。大人可以在宝宝的背后轻轻呼唤他的名字，如果宝宝能够立刻扭转头部朝你的方向转过来，寻找你的声音，则说明听力良好。

而一旦不转头去寻找，或无动于衷，则可能是听力存在问题。

宝宝满 4 个月之后，还会对其他陌生或者有趣的声音感兴趣。所以，大人也可以利用如竹板、锣鼓等敲出的声音，观察宝宝是否转头寻找声源，以判断宝宝的听力是否存在问题。

4. 提问测试

宝宝 10～15 个月时，会根据大人的提问，指出书本上他熟悉的图片。若宝宝对你的提问连续几次都没有反应，则可能是听力存在问题。

如果怀疑宝宝有听力问题，一定要尽快去医院或专门的听力机构做一次专业的听力检查，以便确诊宝宝是否真的有听力损失，从而尽早采取干预措施。

6 对科学文化知识感兴趣

4岁以后的宝宝，对物质世界已经有了一定程度的认知，他们会开始对人类精神产品进行探索和思考。孩子的学习与人类环境紧密相关，人类用自己的智慧创造了现在的生活环境，而科学文化知识是人类智慧的最高表现形式。孩子的自然成长会使他们自然的对科学文化知识产生强烈的渴求。

4岁以后，家长会发现孩子忽然对自然科学、数学、艺术等不同的文化知识产生极大兴趣，他们不会像两三岁时问一些莫名其妙的问题，而是会专注于某个领域提出有针对性的、有深度的问题：月亮为什么有时圆有时缺？乒乓球为什么能漂在水面上？世界上有多少个国家？国旗上的图案代表什么意思？在不断发问的同时，孩子的观察能力、操作能力、自学能力也开始形成，孩子天生的探索欲望让他们自己推开了知识的大门。

这时家长应该为孩子提供丰富的文化信息，满足孩子的求知欲，保护孩子对科学文化知识的探索精神。值得注意的是，家长不要强迫孩子学习和记忆他不感兴趣的知识，这种浮于表面的学习不仅对孩子无多大用处，还有可能破坏孩子对学习文化知识的兴趣。

TIPS：

4岁以后的儿童，对文字、算术、科学、艺术会产生极大的兴趣，对不同的文化表现出好奇，这个时期，只要儿童对文化探索和学习的兴趣不被破坏，将产生巨大的动力用于学习文化知识。

营造良好的科学文化氛围

❶ 带宝宝参观科技馆、天文馆、博物馆、美术馆，让宝宝从小受到科学文化知识的熏陶，对宝宝进行文化启蒙。

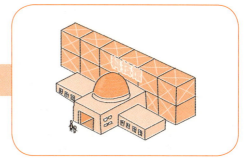

❷ 给孩子提供各种内容的书籍，孩子的小书架上不应该只有童话故事。

❸ 给宝宝提供剪刀、小锤、胶水、纸板等工具和材料，让孩子有机会自己动手制作简单的玩具或者模型，让宝宝在实践中体会知识的乐趣。再大一些可以带孩子做做科学小实验。

❹ 有条件的情况下，带孩子外出旅游，讲解各地的风土人情，帮助孩子开阔眼界。

随手可得的小游戏，帮宝宝探索更多

中国与外国的国旗

训练目标：促进宝宝了解世界，提高宝宝的认知能力。

训练方法：

❶ 带宝宝认识与制作中国国旗，参观升国旗。

❷ 家长问问宝宝什么地方、什么时候挂国旗。在地图或地球仪上，找到中国，并插上国旗。

❸ 辨认几种外国国旗，能从许多国旗中，找到中国国旗。

风筝的来历

训练目标：让宝宝了解有关风筝的知识，欣赏风筝的美，理解什么是对称。

训练方法：

❶ 带宝宝看看风筝展，或去看看放风筝。问问宝宝你都看见什么图案的风筝了？风筝是什么样子的？引导宝宝从形状、花纹等方面理解，认识什么是对称。

❷ 启发宝宝找找风筝的异同，介绍风筝的来历，休息的时候带宝宝去户外放风筝。

杯子里的小手巾

训练目标：培养宝宝动手能力，激发科技的精神，在科学试验过程中宝宝理解了科学原理，也满足了宝宝好奇感。

训练方法：将盆里放满水，手巾塞入杯底，倒扣杯子，竖直压入盆里的水底下，猜一猜手巾湿了没有？拿出来看看，手绢为什么不湿。

原理提示：因为杯子里有空气，所以水不能进到杯子里面。

7 "妈妈，我从哪里来"

相信不少父母都会被孩子问到"我从哪里来？"这个问题，但孩子得到的答案却五花八门——水里捞上来的、石头缝里蹦出来的、邮递员叔叔送来的。因为这个问题涉及性，很多家长被问到这个问题时都会感到难于启齿，因为尴尬而不知如何回答，并且担心孩子会不会过早的"学坏"。

事实上，孩子对于自己的由来感到好奇，是十分自然的，和成人的理解也是不同的，这种求知欲应给予满足和认可。在成人眼里，与性有关的问题包含着许多道德和世俗的成分在里面。而孩子的世界是干净透明的，他只是在探索客观，这个问题和吃饭、睡觉之类的问题并无区别。家长一味回避并不是好主意，如果家长态度暧昧不明，躲躲闪闪，容易让孩子更好奇，转而通过其他可能不正当的渠道去了解。

家长可以根据孩子的年龄和理解能力"问到哪，答到哪"，从而妥善回答这个问题：

如果孩子刚刚3岁，家长只要告诉他是妈妈肚子里生出来的就可以了。如果孩子不追问，家长也不必再多说。因为这个答案正好符合了这个年龄段孩子的认知能力。

如果孩子5岁后继续追问这个问题，家长就有必要如实回答了。你可以简单解释说："当爸爸妈妈想要一个小宝宝时，爸爸会从身体里取出一个小种子，放到妈妈的肚子里，等它慢慢长大，你就是从小种子变来的。"到此为止，5岁的孩子也就满足了，因为这个年龄段的孩子关注的是：我的生命从哪里来。

如果家长觉得给孩子解释不好或者不好意思讲，最好的方法是给孩子买性启蒙的图画书看，家长可以和孩子一起读读看。

当孩子的好奇得到满足后，那份安全感和被爱的感觉，还有什么可替代呢？

巧妙应对孩子的性别好奇

3岁以前,男孩和女孩玩一样的玩具,爱好和兴趣也差别不大。3岁以后,宝宝就已经知道自己的性别了,而且也知道男孩和女孩的一些区别了。特别是4～5岁时,宝宝在生活中的行为和举止已经有了明显的性别差异:女孩喜欢穿着妈妈的高跟鞋,或者自己照料娃娃,穿着漂亮的裙子,想当公主或小仙女,更喜欢玩过家家游戏;男孩子认为自己就是男子汉,更喜欢奥特曼和超人,从床上到地上"飞来飞去",想和怪兽、坏人作战。

差不多到了5～6岁,宝宝开始对外生殖器和一些异性身体等方面的差异表示关心和好奇:为什么男人和女人发型不同?为什么上厕所的姿势不同?他们还会对自己的身体感兴趣,他们想知道每个器官的用途。这时他们真正开始认识"人"了。

对于身体和性别的认识也是他们认知客观世界的一部分,只有对性别有客观正确的认知,才能给自己一个正确的定位,并且在以后的社会化生活中和他人正常交往。

大部分家长很容易从发型、穿着、行为等方面教孩子分辨出男女,但孩子问到与性器官有关的问题,就采取回避态度了。有的家长甚至不愿意让孩子看到裸体。这样会产生什么后果呢?当孩子第一次看见异性的裸体时,他往往感到十分震惊,以至于在一段时间内,他会故意找机会偷偷观察异性的身体。

因此,正确的性教育是十分必要的。给孩子讲性知识的时候不必知无不言言无不尽,但一定要解释。

家长可以带孩子看人体结构的图画书,把男女的性别特征指出来。在讲解的时候态度语气要坦然,让孩子像认识自己的眼睛鼻子一样认识自己的性别器官。

不要遮遮掩掩或者给孩子心理压力,让他以为这些器官是不洁和邪恶的,这样反而会激发他对性器官的关注。

孩子看到父母的性行为怎么办

家长在享受爱情甜蜜的时候，最尴尬的事情莫过于被孩子撞见了。遇到这种情况的时候，通常两方都是震惊、不知所措。家长应该怎样正确处理这种状况呢？

如果孩子问"你们在做什么"，家长一定要保持镇定，柔声细语的和孩子交谈。孩子本来没有什么想法，父母如果惊慌失措，就会把羞愧和内疚的感觉传达给孩子，让孩子认为这是见不得人的行为。家长可以大方地告诉孩子，拥抱在一起是父母相爱的感情表达，这是相爱的人的自然行为。别的孩子的父母也会这样相爱。

如果孩子只是对奇怪的声音感到害怕和担心，关注的不是性行为本身。家长要告诉孩子，这件事情不会让爸爸和妈妈任何人受到伤害，谁也没有欺负谁，这是他们表达爱意的声音，和哭笑是一样的。这样就可以安抚孩子的疑惑和不安。解释的时候可以笑一笑，缓解一下紧张的气氛，让孩子知道这不是什么可担心的事。

父母的性行为本身不会给孩子心理造成任何不良的影响，感到尴尬和羞耻的只是父母。孩子的心灵是纯真坦荡的，他只会以为你们在玩什么奇怪的游戏。反而是父母的激烈反应会给孩子留下心理阴影，让他认为"性"是不洁的、邪恶的，这会让他形成错误的性观念，错误的性观念一旦建立，可能会影响孩子一生。同时，这样的心理阴影也会给父母在孩子心中的形象减分。因此，父母在处理这件事时表达的态度和情绪，要比传授性知识本身更为重要。

幼儿性教育的原则

★ 正面坦然地回答孩子的提问。

★ 用简单易懂的话向孩子解释。

★ 树立正确的性别角色。

★ 要让孩子知道"不能做什么"，但不要刻意强调，顺其自然。

★ 父母的性观念要保持一致。

TIPS：

如果父母不让孩子说出去或者让孩子忘掉这件事，孩子心中的疑虑没有解除，印象就更加深刻。在父母处得不到答案，孩子就会选择自己去寻找答案，而这个答案可能是扭曲的或不健康的。

8 爱和小动物做朋友

0～3岁宝宝主要处于建立自我的状态中，他们更关注自己的需求和感受，不会太关注与自身无关的事物。

3岁以后，宝宝的自我构建已经比较稳定了，他们会开始关注外在环境，特别是五六岁时，他们会对大自然非常感兴趣，他们发现动植物和自己一样，拥有生命，可以慢慢长大，这一发现会让他们惊喜不已。很多孩子会开始喜欢小动物或者自己养植物。

宝宝从出生开始就一直处于被照顾的状态中，他们会对强大的成人产生依赖，并认识到自身的弱小。当他们发现比自己更加弱小的动植物时，他们就会发现自身的强大，这种反差会使宝宝的心中生出保护弱小的欲望。

他们会细心照顾一株花苗，给它松土、浇水、施肥，天天盼着它长大开花；他们会像爸爸妈妈一样照顾小猫小狗，给它起名字，带着它一起玩，甚至希望它有一天会开口说话。

宝宝在照顾动植物的过程中，能够体会到生命的伟大和神奇，并树立起自信和责任感。家长要在宝宝对动植物感兴趣时，给宝宝提供讲解和指导，让他们用正确的方法探索生命的奥秘，教会他们尊重和爱护每一个小生命。

饲养小动物对于宝宝来说是一件意义非凡的事情，如果家庭有条件而宝宝也有兴趣，应该挑选一种适合的动物伴随宝贝成长。

TIPS：

5岁左右，孩子对自然界的认识已经达到了一个很高的程度，开始喜爱一些小动物。这是因为小动物较之幼儿更为弱小，它可以引起幼儿的怜爱之情，使孩子产生保护弱者的欲望，满足孩子的自尊心，让孩子体验到一种成就感。

父母如何适度参与

1. 为宝宝挑选合适的小动物

要为宝宝挑选没有安全隐忧的，比如小金鱼等；方便打理照顾的，比如不用洗澡的小乌龟等；生命坚强、易活的，比如小蝌蚪、小猫、小狗等；生命周期明显的，能让宝宝在短期内观察整个生命变化过程的，比如，蝌蚪、蚕宝宝等。

2. 不可虎头蛇尾

饲养小动物是一项需要坚持的"工程"，当选择了和宝宝一起饲养小动物，就不可虎头蛇尾。陪宝宝发现小动物的细微生长变化，用"日记"、"相片"等方式记录动物生长过程，都可以让宝宝的关注热情维持在一定的高度。

宝宝养小动物的注意事项

❶ 不要让孩子与小动物过于亲密接触，如抱在一起、互相亲吻、一起睡觉等，以防发生危险。

❷ 最好不要让小动物舔孩子，尤其是孩子有伤口的地方，防止小动物把病毒传给孩子。

❸ 没有父母监护，不要让孩子用手直接给小动物喂食。

❹ 不要让孩子用力去抓挠小动物的耳朵或尾巴，这样会激怒小动物。

❺ 小动物用过的餐具、玩过的玩具要经常消毒，并妥善保管，不要让孩子触摸。

❻ 保持屋里湿度平衡，空气流通。每天至少开窗通风2小时。

❼ 为小动物准备秽物箱，并放在孩子接触范围之外。小动物的排泄物和分泌物既不卫生，又容易造成孩子滑倒受伤，应及时处理干净。

❽ 经常为小动物梳洗体毛、整修爪牙、洗澡，让小动物多晒太阳等。小动物居住的窝也要勤加清理，以免滋生细菌或寄生虫，殃及孩子。

❾ 孩子与小动物接触后要把手洗干净，养成良好习惯。

> **TIPS：**
> 在享受小动物带来的快乐的同时，家长在养小动物时要注意小动物的健康卫生，要定期带小动物打疫苗，以免将疾病传染给孩子。

宝宝养小动物好多处

1. 减少孤独感

有研究结果显示：相比不养小动物的儿童，养小动物的儿童更少感到孤独。宝宝并不像大人一样把它们仅仅当做动物，而是把他们当做朋友，他会向它们表达自己的喜怒哀乐，对它们说一些不能让爸爸妈妈知道的秘密，因为小动物会为他们牢牢保守秘密，这让孩子觉得快乐、安全、信赖。

2. 培养孩子爱的能力

可爱的小动物容易激发孩子的怜爱之心，而小动物的无知和弱小，能够让孩子产生保护欲。在照顾小动物吃饭、喝水、睡觉的过程中，能让孩子有当妈妈一样的幸福感和满足感。同时也能让孩子学会如何表达爱，如何对待爱的人。有的小猫小狗很聪明，能够对孩子的爱产生反应，这能够让孩子感受到爱的回馈。

3. 培养孩子的责任感

家长在养小动物之前就应该告诉孩子，一旦养小动物就要对它的一生负责，小动物很弱小，它的一生只能依靠你。给小动物喂食、训练小动物排泄、照顾生病的小动物，都能无形中给孩子带来一份责任感。家长也要给孩子树立榜样，对待小动物像对待家人一样，不随意虐待、丢弃小动物。

4. 学会尊重生命

在照顾小动物的时候，一开始，宝宝并不懂得什么是生命，他可能因为好奇而不断地骚扰小动物，可能会让小老鼠生病，或者让鱼离开水，他就会发现小动物非常痛苦。当他不明所以转而问大人，父母耐心解释后，他就明白原来生命是很脆弱的，需要细心呵护和尊重。一旦这种爱心形成了，他也学会尊重其他小朋友。

5. 启发孩子对自然的好奇

动物对孩子来说是一种特别的存在。家长可以多带孩子和小动物去公园玩，激发孩子对自然和生物的热爱，教导孩子，不论是动物还是植物，都是这个地球上的生命体，都是人类的好朋友，但是他们都没有人类强大，因此我们要保护他们。这样的教育能够使孩子从小就有环境保护的意识。

6. 培养观察能力

如果宝宝养的是小蝌蚪，每隔一段时间，他就可以观察到明显的变化，每一次的变化都会让宝宝觉得惊奇，他会饶有兴趣地看看蝌蚪是先长前腿还是后腿，尾巴是缩短的还是掉下来的等。妈妈可以辅助他用相片和文字记录下蝌蚪每个阶段的变化，尝试让宝宝口述"观察日记"、"喂养心得"，让养而有获，感受神奇的生命过程。

7. 调节家庭气氛

活泼可爱的小动物可以给家庭带来很多欢乐，孩子在温馨的家庭气氛中成长有利于孩子形成积极向上的性格。

8. 学会面对死亡

生命是宝贵的，也是脆弱的。当宝宝直面小动物的死亡时，体会悲伤，父母要做好正确的引导。生老病死，是一种自然现象，平静而豁达地看待这种现象，需要勇气和智慧。

9 对大自然充满好奇心

没有孩子不喜欢大自然。大自然是宝宝玩耍的乐园,是宝宝汲取精神营养的源泉,也是教育孩子的最好课堂。大自然中有着取之不尽的鲜活教材,清新的空气、明媚的阳光、美丽的风景、自然的天籁之音……这些都会激起宝宝的无限好奇。

带宝宝到树林中呼吸新鲜空气,到青青的草地上采摘不知名的野花、追逐花间飞舞的蝴蝶,溪水边宝宝掬起一捧水,看各种形状的浮云,观察春秋花开花谢……宝宝在自然山水间尽情游目骋怀,尽展想象的翅膀。

还可以引导宝宝倾听自然之声,那也是一种美的享受和熏陶。带宝宝到野外,让他闭目倾听风声、松涛声或是虫鸣,鼓励他寻找声音的来源。如此的亲密接触,潜移默化中宝宝的经验与智慧都会得到增长。

宝宝接触并观察大自然,大自然会毫不吝啬地回报给宝宝很多东西,让他受益匪浅。在观察大自然的过程中,宝宝的观察力、注意力、思维力、概括力、判断力、想象力等都会提高,全面推进认知智能的发育。

> 对幼儿来说,世界充满了未知,也充满了乐趣;一切的一切,都那么新鲜,那么好玩儿。大人司空见惯的东西,在她看来,却是闻所未闻,她内心拥有一股强大的力量,促使她看到什么都要摸一摸,碰一碰,研究研究。如果父母能让孩子始终对外界保持好奇心,孩子将会受益终身。

4类活动，让孩子与自然更贴近

1. 观察大自然

带孩子到野外，让他用双眼观察一下美丽的大自然，看看云的变化，带他上山体验第一次看雪的经验，或是看看花开花谢，听听孩子说说他眼中的自然景色。

2. 种植花草，养养小动物

大人还可以和孩子在自家阳台上种一些简单的植物，让孩子浇水施肥，照料其生长开花；也可以让孩子饲养些好养活的小动物。让孩子学习自己照顾动植物，让他体会生命成长的可贵。

3. 看大自然相关的书籍或影片

父母可以和孩子一起阅读有关自然景物的书籍，或观看野外生存、动物世界等节目，会让自然之旅变得生动又有意义。

4. 赏鸟

带着孩子到鸟店、动物园鸟园区来一趟赏鸟之旅，分辨不同鸟的特征，认识鸟的习性，和孩子讨论饲养与放生的意义。

春夏秋冬，用游戏来认识

美丽的春天

目的： 了解春季的基本特征，关注春季的变化。

准备： 猫妈妈、小猫头饰或图片，有关春天景物的图画，春天、燕子、柳树、迎春花、小猫、小兔子等字卡。

玩法：

（1）妈妈扮猫妈妈，宝宝扮小猫（或戴头饰，或别上"猫妈妈"、"小猫"字卡）。妈妈说："春天到了，天气多暖和呀！河里的冰融化了，柳树发芽了，小草变绿了，桃花盛开了，燕子飞回来了。猫妈妈带猫宝宝到草地上去玩耍。"然后，请宝宝跟妈妈一起学小猫伸懒腰。

（2）妈妈可带宝宝春游，在户外找春天。在让宝宝感受大自然的同时，渗透环境教育。

（3）妈妈带宝宝做美工：粘贴桃花，裁剪柳叶。

（4）在活动中教宝宝唱有关春天的儿歌，如"春天天气真好，花儿都开了，杨柳树枝对着我们弯弯腰，蝴蝶姑娘飞来了，蜜蜂嗡嗡叫，小白兔儿一跳一跳又一跳"；"春天到，桃花笑，柳树发芽，燕子到"。

或者背诵有关春天的古诗，比如唐朝诗人贺知章的《咏柳》：碧玉妆成一树高，万条垂下绿丝绦。不知细叶谁裁出，二月春风似剪刀。

（5）识字：春天、燕子、柳树、迎春花、小猫、小兔子等字卡。

炎热的夏天

目的： 了解夏季的特征，知道降温的方法。

准备： 夏季服饰，有关夏天特征的图片，夏天、知了、西瓜、冰淇淋等字卡。

玩法：

（1）妈妈先朗诵有关夏天的优美句子："春天随着落花走了，夏天披着一身的绿叶儿在暖风里蹦跳着走来了。透蓝的天空，悬着火球似的太阳，云彩好似被太阳烧化了，也消失得无影无踪。"

然后妈妈出示短袖衣服和凉鞋，问宝宝："这是什么季节穿的？夏天非常炎热，想想看，有什么办法能使自己凉快些呢？"引导幼儿回答（游泳、去海边、开空调、开风扇、用扇子……）。

（2）再出示西瓜、冰淇淋字卡，问宝宝："这是什么季节吃的？"

（3）让宝宝跟妈妈一起找室内可以降温的电器及其他物品，比如空调、电扇、凉席、水枕、太阳伞、冰块等等。

（4）拿出知了的图片，让宝宝了解知了的生活习性，并带宝宝去捉一次知了。

（5）和宝宝一起唱有关夏天的儿歌：①"夏天在哪里？蝈蝈蝈蝈，夏天在绿绿的草丛里。夏天在哪里？知了知了，夏天在高高的大树上。夏天在哪里？呱呱呱呱，夏天在圆圆的池塘里。夏天在哪里？夏天在小朋友的笑脸里：太阳帽，小花伞，冰激凌……"②"夏天的池塘荷花香，鱼儿欢笑捉迷藏；小青蛙，呱呱呱，坐上荷叶唱着歌；小蜻蜓，来拍照，夏天的池塘真美丽！"

或者背诵有关夏天的古诗，比如宋朝杨万里的《晓出净慈寺送林子方》："毕竟西湖六月中，风光不与四时同。接天莲叶无穷碧，映日荷花别样红。"《小池》："泉眼无声惜细流，树阴照水爱晴柔。小荷才露尖尖角，早有蜻蜓立上头。"

（6）识字：知了、夏天、炎热、空调、风扇等。

丰收的秋天

目的： 认识秋季，感知秋天丰收的喜悦。

准备： 各种秋季水果图片，粮食作物图片，秋天的景色图片，秋天、树叶、苹果、葡萄、橘子、梨、玉米等字卡。

玩法：

（1）妈妈出示香蕉、橘子、山楂、葡萄、梨等各种水果图片："宝宝，你看这都是什么水果？"待宝宝把水果名称说完后，告诉宝宝："这些水果都是在秋天成熟的，秋天是个收获的季节。"

（2）再出示秋天的图片，请宝宝仔细观察花、草、树的变化。告诉宝宝，秋天农民伯伯种的粮食也丰收了，有水稻、玉米、芝麻、大豆、花生等，并拿出相应的图片让宝宝指认。

（3）在活动结束后，为了鼓励宝宝，请他品尝各种水果及玉米等粮食作物。

（4）带宝宝到户外捡一次树叶，辨认各种树叶种类。

（5）识字：秋天、树叶、苹果、葡萄、橘子、梨、玉米等字卡。

寒冷的冬天

目的： 了解冬季的明显特征，知道人们对环境的依赖和适应。

准备： 冬天的景色图片，冬季服装，雪花、冬天、雪人、溜冰、羽绒服等字卡。

玩法：

（1）妈妈问宝宝："宝宝，你喜欢下雪吗？什么季节会下雪呢？雪花都有什么形状呢？"妈妈用提问的方式让宝宝知道，冬季会下雪。并朗读有关冬天的优美句子："雪花是白的，冬天北风呼呼吹。冬天的雪洁白无瑕，可爱多姿，我爱冬日的雪，它把最美的景色送给了大地。"

（2）引导宝宝了解冬季人们取暖的方法，比如穿羽绒服、棉鞋、戴帽子、围巾、手套等，和宝宝一起找屋内都有哪些取暖物品（比如暖气片、空调、棉被、电热毯等）。

（3）妈妈带宝宝到户外观察寒冷的天气，让宝宝把小手伸出来感觉一下冷不冷，并带宝宝堆个大雪人，或者带宝宝去滑冰。

（4）和宝宝一起唱有关冬天的儿歌："冬天来到了，冬天来到了，北风呼呼叫。小鸟钻进窝，小猪睡懒觉。我们小宝宝，天天起得早。跑跑又跳跳，身体暖和了。""冬天到，雪花飘，北风呼呼叫。穿棉衣，戴棉帽，堆个雪人哈哈笑。"

或者背诵有关冬天的古诗，比如唐朝柳宗元《江雪》："千山鸟飞绝，万径人踪灭。孤舟蓑笠翁，独钓寒江雪。"宋朝卢梅坡《雪梅》："梅雪争春未肯降，骚人搁笔费评章。梅须逊雪三分白，雪却输梅一段香。"

（5）识字：雪花、冬天、雪人、溜冰、羽绒服等字卡。

Part 3
把握创造性思维敏感期,宝宝更聪明

创造性思维可以放飞孩子的想象力。那么父母应当怎样做才能将幼儿的创造力充分激发出来,让其开花结果呢?著名心理学家托兰斯说得好:"我们要想促进创造力,就需要提供一个友善的和有奖励的环境,以便能使之在其中繁荣发展。"

学龄前宝宝创造性思维发展特点

年龄		发展特点	具体表现	应对策略
0～1岁	1个月	*由于宝宝动手能力不强，手眼协调能力有待高，因而本阶段多为"观察" *处于创造性思维萌芽阶段	*妈妈对宝宝多次伸舌头咂舌时，其会模仿这一动作	*应多创造条件和宝宝一起进行一些探索类的游戏和活动，逐步提高宝宝创造性思维的发展
	2个月		*对会发出声音的玩具表现出较高的兴趣，露出惊讶表情	
	3个月		*开始有意识地观察和模仿父母的不同表情	
	4个月		*大人蒙脸和宝宝玩藏猫猫时，会主动动手去拉蒙脸布或大人的手	
	5个月		*对妈妈衣服上的扣子极感兴趣，并会主动摸、抠着玩耍	
	6个月		*能观察妈妈的动作，并乐于模仿妈妈的动作	
	7个月		*喜欢盖盖子，并自己尝试给瓶子盖不同的盖子	
	8个月		*能专注地自己玩一个玩具或游戏	
	9个月		*能独立将两种以上的物体（比如积木）叠加到一起	
	10个月		*能够配合妈妈穿衣服，会通过摇盒子的方法取到里面的东西	
	11个月		*会绕过障碍物去拿看到的物品；通过对图片的注意和观察，能记下图片	
	12个月		*会利用其他物品以及工具帮助自己达到所要的目的	
1～2岁	13～14个月	*手眼协调及手部精细动作能力有所提升 *能通过观察理解事物的特点，并能通过不同条件及情况变化，推断出不同结果，从而做出不同的反应 *处于创造性思维初步发展阶段	*喜欢抓泡泡，会主动要求自己吹泡泡	*应多让宝宝玩沙玩水，用笔画线，玩些能培养宝宝想象力及创造力的游戏
	15～16个月		*学会用点、线画一些简单图形	
	17～18个月		*喜欢玩过家家、捉迷藏等游戏	
	19～20个月		*能自己动手捏橡皮泥，并捏出很多形状	
	21～22个月		*能凭想象画出自己想画的东西，并能解释出自己画的是什么	
	23～24个月		*喜欢自己动手 *会用积木搭建各种造型	
2～3岁	25～26个月	*观察能力与动手能力大大增强 *色彩感也有所提高 *是创造性思维发育的关键时期	*能与大人一起动手做些简单手工	*让宝宝多玩些能提高注意力及观察力、想象力的游戏 *注意多激发宝宝探索和求知欲望 *帮助宝宝学习更多新知识，进一步开启宝宝想象力、动手动脑能力以及创造力
	27～28个月		*能自己拼出比较整齐的图案或果盘	
	29～30个月		*在大人协助下，能利用瓶子、盒子等废旧物品制作一些小玩具	
	31～32个月		*乐意自己动手制作各种手工作品	
	33～34个月		*喜欢钻洞和探索问题，对放在碗中冒烟的冰棍充满好奇	
	35～36个月		*能自己制作简单卡片 *搭配自己的服装	

年龄		发展特点	具体表现	应对策略
3～4岁	37～40个月	*喜欢打破砂锅问到底，有很多稀奇古怪的想法 *有了求异思维的倾向 *喜欢自由的创造和绘画，思维很自由，还没有受到大人固定思维的影响 *已经具备了一定的创造力	*会对身边的事物产生各种各样强烈的好奇心 *每天都有问不完的问题，并锲而不舍地寻求答案 *爱思考问题，喜欢动脑，并总是说出一些独特的思想 *能时不时地提出令人意外的解决问题的方案 *热爱绘画，虽然绘画技术不一定好，握笔可能还握不牢，但总能画出极富有想象力的画作，比如一辆长着翅膀飞在空中的汽车，以减轻交通堵塞问题	*多带孩子去大自然中玩耍，参观美术馆和博物馆等，增强孩子见识，提高宝宝创新能力
	41～44个月			
	45～48个月			
4～5岁	49～52个月	*喜欢摆弄新奇的玩具，观察事物非常仔细 *善于利用废旧的东西自己制作玩具 *富有尝试、冒险精神，想象力很丰富，创造力稳步发展提高	*爱拆卸东西，并按自己的意愿重新组好 *喜欢对大人描述一些细微的事物 *时常观察到妈妈和爸爸衣服上的污渍以及大人很难注意到的东西，例如沙发底下的棋子、床底下的纱巾等等 *对做各种试验有着浓厚兴趣，比如会尝试往面粉里加颜料，以为那样就能做成橡皮泥等	*充分给孩子提供一个自由、民主的空间 *鼓励孩子仔细观察，动手拆卸、组装各种物品 *对宝宝的"实验"，不要大加指责或打骂，而应满足孩子的探索欲望，提高创造力
	53～56个月			
	57～60个月			
5～6岁	61～64个月	*有独立思考行为 *会不断提出新观点和新问题 *喜欢把自己的发现与人分享 *创造力有了大幅度提高	*有时表现得像一个思考者，在大人打扰他时，会说"请安静一下，让我一个人想想可以吗？" *异想天开，什么都敢想，比如会认为妈妈的新帽子简直像个飞碟等 *观察角度与大人不同，能把毫无联系的物品联系起来，比如看到大南瓜会想到小板凳等	*应给宝宝营造一个独立思考的环境，让他尽情自由自在地想象，以便培养他独立思考的能力 *还要引导他多思考，用不同的途径去想，才能有助于想象力的发展
	65～68个月			
	69～72个月			

1 "坏家伙"的创造力

1岁以后的宝宝，认知能力有了很大进步，对这个世界越来越好奇，甚至伴随着思维的萌芽开始了自己的思考。他们的探索欲越来越强了，因此往往也比以前更捣蛋了！

让妈妈头疼的事情每天都在发生，这些事情往往都是宝宝干的。把抽屉里的玩具拿出来扔在地上，把妈妈的漂亮衣服从衣柜里拽出来，有时甚至趁你不留神的时候把厨房里的蔬菜揪得乱七八糟……简直就是一个混世魔王。

宝宝还会故意把水倒在地上，观察它留下的印迹；还会把家长手里的书夺过来，刚开始还饶有兴趣地翻着看，新鲜劲儿一过就会撕扯书页，不知道是想要看看纸张质地如何，还是要弄清楚书是如何装订成册的……简直就是一个十足的破坏者。

好奇、好问、好动是宝宝的天性。这正是宝宝探索欲强烈的表现。其实每个喜欢搞破坏的宝宝都不是小坏蛋，他们只是对身边的事物有着很强的好奇心和探索欲，好奇是幼儿探索知识奥秘的动力。好奇心越强、想象力越丰富，创造性就越高。好奇心会促使宝宝去探索，因此他往往表现得有一点多动、有一点不乖，因此，在家长眼里是"坏家伙"的孩子往往具有较强的创造力。

人的创造力的发展开始于婴幼儿期，幼儿期和学龄期是培养和发展孩子创造力的关键时期。关键时期培养宝宝的创造力，将会使宝宝的创造性思维智能得到最佳发展。

TIPS：

创造性思维的本质在于一个"新"字，提出新问题，用新的方式解决面临的问题，创造出新的物质和精神成果等。创造性不同于模仿，模仿只不过是在相同的情境中重复别人的行为或反应罢了。

0～6岁宝宝创造力特点

0～2岁：前创造期

此阶段的宝宝还处于直觉行动思维阶段。直觉行动思维，就是主要以直观的、行动的方式进行思考。这种思考的进行离不开宝宝对物体的直接感知，也离不开他自身的实际动作。这个时期，你要做的就是让宝宝多多运动，接触各种物品，在实际操作中启发智能。

❶ 用触摸、抓、舔的方式认识这个世界

这些动作和成人用视觉或触觉认知事物的性质是相同的。此时的宝宝最发达的就是嘴巴，通过嘴巴舔能够给他以快感，带来满足并维持其内心的安全感。

❸ 通过抛物带来的结果，让宝宝获得快乐

1岁左右的宝宝常常把汤匙丢到地上，并不停地变换各种扔出的方式，观察会有什么样的结果。经过这些尝试，宝宝能够清楚玩具和自己的不同，不再将玩具往自己嘴巴里送，慢慢学会用合适的方法玩那些玩具。比如，逐渐知道杯子是用来装东西的容器，球是可以滚动的。

❷ 利用手部游戏促进思考力

此时宝宝往往要在某一个特定动作产生相同结果的重复体验中，逐渐学会思考应如何动手。借由"这样做就会变成这样"（手段——目的）关系得以理解以及得到好奇心的满足，促使他想进行更深一层次的探索。这时可以让宝宝反复进行手部动作的练习，当手越会做一些精细的操作时，宝宝的思考就越发达。

❹ 先做示范让他看，再让他自由发挥

1岁半以后，宝宝的模仿能力大大增强，他可以学着自己吃、自己睡、自己玩。如果你拿小棍敲瓶子给宝宝看，这时他就会想要自己玩了。等他厌倦了那些简单的敲敲打打，宝宝就会自己"发明"一些新的玩法，哪怕只是叮叮当当的杂乱声响，他也会玩得乐此不疲。

2～4岁：创造力的萌芽

2岁的宝宝开始有了自我意识，会用反抗来表达心中的不满了。这时，你可能会觉得以前那么可爱的宝宝，现在开始"反抗"了。但是就宝宝来看，他只是处在反抗——自我主张的两难境地之中。通过顶撞妈妈的要求，他可以自我决策，培养自我判断的能力。此时宝宝的思维正处于从依靠实物向依靠头脑中事物的表象过渡的阶段。联想力也刚刚萌发，妈妈要给宝宝大量的感官刺激，让孩子积累更多的直接经验。

❶ 积木的妙用

积木具有多种功能，它可以刺激宝宝的运动能力、思考力、想象力和创造力。2岁之后的宝宝开始尝试着做一些简单的造型，他往往会先想一想，才动手做，然后再做出渐渐复杂、渐渐大体积的"建筑"。当宝宝自己堆积木时，你不要随便插嘴、插手，宝宝搭的东西像不像并不重要，重要的是他能投入其中专心地去做。如果你中途打扰他，宝宝想做的愿望和创造力都会随之瓦解。

❷ 手工劳作

拼贴对于年幼的孩子而言，是一种很适合的活动，因为它可以在宝宝兴趣和注意力集中的情况下快速完成，而撕、贴也可以促进小肌肉的发展。旧报刊、卫生纸都是很好的拼贴材料，当宝宝熟练拼贴技巧之后，其他材料也可加入，如大纽扣，不同颜色、材质、形状的纸张或布料，要注意的是，材料必须是安全的，不能有锐角，也不宜过小。

假如你是超人，最想做什么？

❸ 玩分类游戏

这个年龄的宝宝已经能够根据物体的外部特征来认识和区分事物，虽然这种能力水平还很低，但是这时父母就可以通过一些动脑游戏来促进宝宝创造力的发展。平时提供给宝宝一些具有共同特征的不同物品，比如小汽车、汤匙、回形针等，让宝宝发觉它们共同特征对其分类，并鼓励宝宝按不同标准去重复分类；也可以提供符号、颜色、食品等材料，让宝宝能依其特性分类。

❹ "异想天开"地聊天

平时你可以问一些扩散性或荒谬的问题，让宝宝用想象力来回答，答案无对错之分，只要宝宝能够充分发挥其想象力即可，目的是让他的思维更加奔放。比如：如果寒假在夏天会怎么样？为什么我们要睡觉？茶杯的用途是什么？电话还可以是什么样子的？明天如果下雨，会怎么样？假如你是机器猫，最想做什么……

4～6岁：创造力的发展

随着活动经验的增加、语言的丰富，这个时期宝宝的思维逐渐从动作中解脱出来，表象在思考的过程中所占的成分也越来越大。创造力有了很大的发展，这时的宝宝就像一个发明家，试图把头脑中的想象转化成可适用于外界的实际行动，这也就需要努力、智慧和毅力了。

❶ 动手组合

许多发明都是在原来的物品上加一点功能，如笔加指挥棒，变成了"指示笔"。你可以先让孩子观察哪些物品是组合而成的，然后再让其思考还有哪些东西加以组合，会更好用。另外，还可以用图片或字词组合成故事；七巧板、积木的组合图形；众多的空瓶罐都可以让宝宝随心所欲地进行组合。

❸ 运用媒体资料让孩子进行动手再创造

有些孩子看了影片或者听了录音带以后可以提升其学习的效果。你可以让宝宝将自己的作品——绘画、手工制作用相机拍下来并且制作成册；如果你家的宝宝喜欢说故事或是重复述说喜爱的事件，那么在每次说的时候请宝宝将它录下来；还可以发挥宝宝的想象，创编出新故事等。

❷ 想象力的练习

宝宝喜欢假扮各种动物或是其他事物，这些想象游戏对发展孩子的身体动作和创造力都有很大的帮助。

TIPS：

创造性思维并不是少数发明家专有的，凡是思维健全的成人和儿童都具有或多或少的创造性思维能力。比如，幼儿发现了旧玩具的新玩法，废旧物品环保利用等，都是日常生活中常见的创造性思维的例子。

调整做法，让宝宝的创造力更进一步

1. 别让"爱"扼杀了宝宝的探索欲

探索精神对宝宝心理健康的发育是非常重要的，没有探索欲的宝宝就没有创造力。探索的过程，他们更广泛、更全面地接触和认识事物，在接触和认识中，提高了自己的智力，训练了自己运用物体的技能，向更高的发展阶段快步迈进。

因此，家长要给宝宝一定的自由，允许他们大胆地探索。反之，如果对孩子的探索欲加以限制或训斥，不仅会打压他探索世界的热情，而且很容易会让他们感到探索是错误的，开始怀疑自己，从而影响宝宝自信心的树立。

2. 认真对待宝宝的提问

富有创造力的宝宝，遇事总喜欢问为什么，喜欢评论事物，喜欢尝试，思考变化多，反应迅速，不受已知信息的限制等。事实证明，爱提问的宝宝思维能力优于平均水平，这与他平时习惯思考有很大关系。因此，家长要认真对待宝宝的提问。

不管宝宝的问题属于哪种情况，是简单还是复杂，父母的态度都要耐心、诚恳，不能敷衍了事。回答时要力求简洁、具体、生动，还要选择便于宝宝理解的话进行解释，以利于宝宝接受。有些回答不了的问题，应以诚恳谦虚的态度告诉宝宝："这个问题，我回答不好，等我弄明白后再告诉你。"

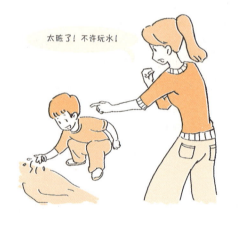

3. 以宽容的心去接纳孩子不同的意见和行为

当孩子提出和你不一样的想法时，先耐心地听完孩子的表述，不要立刻去斥责或反对。如果他说的意见有道理，那就请放下你的架子，虚心地接受；如果他说的没有道理，也不要取笑、嘲讽孩子，而应和孩子一起沟通讨论。此外，还应引导孩子将他的想法与你的想法做个比较，看各有什么优、缺点，并鼓励孩子提出其他想法。

4. 避免告知孩子最佳的做事方法，让孩子依照自己的模式去玩

当你一旦告诉孩子最佳的方式时，其实就在暗示：① 你早就知道这个方法了；② 孩子还不知道；③ 下次孩子就会直接来问你最佳的方法是什么，他自己就不会再去费力探索了。为了使孩子有自己的个性，父母应该尽量让他尝试各种事物，创造出独具一格的思路和方法。

你看，应该这么画才对！

5. 培养宝宝的创造力

父母要给孩子提供能发挥创造性的游戏环境和条件。鼓励宝宝多接触音乐和绘画，并给他自由的欣赏和实践的空间，激发他们的想象力和创造力。

对于喜欢搞破坏拆东西的宝宝，家长可以在家里准备一些便宜又能拆的玩具。如木质玩具、可以上螺丝的玩具以及使用工具的玩具，不怕被破坏，还能满足宝宝拆、装的愿望。你还可以将淘汰的旧物件送给孩子，鼓励他动手拆拆看。拆很容易，拆了再装就比较有难度了，既考验孩子的记忆力，又考验他的动手、动脑能力。能把拆开的玩具再装回去的孩子，智力水平都不错。

6. 给孩子一个充满民主的家庭氛围

幸福的家园是培养孩子创造力的最佳土壤。父母如能让孩子在轻松愉快的家庭里成长，孩子的智慧自然就能获得启发，创造力就源源不绝了。给宝宝一个自己的私密空间，允许孩子在学习中犯错，多用赞美和鼓励的语言。

要想让宝宝具有创造力，父母首先要自我解放，做到"心情开放、容易沟通、管教得法有弹性"，这样的父母才能真正成为宝宝的"创意伯乐"。

父母的要求影响孩子的创造热情

7. 鼓励孩子自觉学习的积极性

幼儿期是宝宝好奇心和求知欲最为旺盛的时期，凡事都要问个为什么，直到弄个通透为止。引导孩子多观察客观世界，鼓励求知欲望，有助于培养孩子的创造力。许多有造诣的人大多不是父母或老师所教的，而往往是他们对某一方面的知识产生了浓厚的兴趣后，从而去自动自发、坚持不懈地学习才取得的结果。这其后当然也有着他们的父母支持，他们的父母大多对孩子学习需求敏感而热心，并能够鼓励孩子的学习积极性，激发孩子的求知欲。

如果经常对孩子说，"你好笨"，他可能真的变得很笨。

应该经常对孩子说，"你真的很不错"，他会变得很自信！

3 个创造力养成小游戏

自制爱心贺卡

材料： 三张不同颜色的 A4 纸（卡纸），以及纸胶、彩珠、彩带等漂亮的小物件。

步骤：

1. 将 A4 纸（卡纸）剪成心形和 U 行。

2. U 形沿虚线部分剪开，交叉到一起，制作如图心形。

3. 将制作好的心形，用胶棒粘贴到之前裁剪好的心形上面，用装饰品点缀。

颜料大变脸

为了让孩子对于绘画更感兴趣，能更大胆地想象，家长可以买一些颜料、调色板、油画笔或毛笔，带领孩子玩变色游戏。

用一支毛笔蘸点水再蘸上红色颜料，把它放在调色板上，然后再蘸上一点黄色，把红色和黄色的颜料搅和在一起，问孩子："看看，现在变出什么颜色了？"孩子亲眼看到颜色的变化会显得很好奇很兴奋，想要自己来试试。家长可以将毛笔递给他，让他自己随意地调色，体验颜料经过调和之后的变化。

试试把两种颜色混在一起，看看会变成什么颜色？

主题意愿画

有些孩子画画时会用自己的构思来夸大主题，画的东西也不仅仅和自己生活中的事物或人相关，还有可能表现一些脱离现实生活的事物。对于这样的孩子，爸爸妈妈可以有意识地设计一个主题给他，看他如何发挥想象。

例如，对他建议说："昨晚上你不是看了动物世界吗？今天就画一个动物世界给妈妈看看好吗？"孩子会把他认知中的动物形象结合自己天马行空的想象，画在纸上。这时，你只需要做一个好听众，听他讲解这是什么，那是什么，他构思的背景是什么即可。

当然，画的次数多了之后，就不必每次为孩子设计主题，可引导他自己确定今天想画的主题，让孩子联想今天发生过的事情，自己发挥想象，最终确定一个他熟悉或陌生的主题。

需要特别注意的是，切勿因为孩子画出的某些东西比例失调，或者线条不平直就责备他、纠正他。事实上，孩子有时表现出的粗糙、夸张和比例失调都是非常正常的现象，这是由孩子的生理和心理发展水平决定的，并不是因为脑子"笨"。

2 喜欢玩沙玩水

宝宝天生对玩水玩沙情有所钟，大人不禁要问为什么，其实原因很简单，沙和水是柔性的自然物，亲近这些自然物，能让孩子得到身心的满足。另外，沙和水具有很强的流动性，没有固定性，能让宝宝随心所欲地玩，玩的过程中还可以有无限的创意，自然是百玩不厌。

宝宝玩沙玩水的时候特别尽兴，总是可以听到他们开心的笑声，总会看到他们不停地活动，而且变换着花样，还能玩出一些情节，开心的同时也锻炼了身体，提高了动手能力。同时，通过游戏，宝宝还感知了事物的性质，获得了不少物理的感性知识。

既然玩沙玩水有利于宝宝身心健康，宝宝又玩得开心，家长就该给宝宝提供尽情玩耍的环境。这时，一些相关问题也必须考虑：在哪里玩？选择什么工具？选哪些辅助材料？怎样做好宝宝的安全和卫生？

玩沙玩水最好的去处自然是大自然，小溪边、沙丘上，如此亲近自然宝宝会更开心。如果不能出去，家里的阳台也是玩沙的好地方。玩水当然要在卫生间等有上下水的地方。盛沙和水的器具最好是木制品或塑料制品，也可是小桶、小碗、小杯和小漏斗等生活用品。盛得不能过满，以便于宝宝操作为宜。玩水时可带一些小石头、海绵、木片、塑料玩具等能浮沉的物品；玩沙时可带上推土机、拖拉机等塑料玩具。这些辅助材料会使宝宝玩性大增。

当把小船、小鸭子、游泳娃娃等放到水中或用拖拉机搬运沙子的时候，宝宝体会到的是一种创造的成就感，一种想象力得以满足的愉悦感。

宝宝毕竟还很小，不仅需要成人提供适宜的玩耍环境，也需要一定的引导和指点。可是指导一定要以关键时候指点为宜，不能干涉孩子，更不能把自己的主意强加于孩子。

最好的做法是自己和宝宝一起参与，以同伴的身份一起游戏、一起快乐、一起探究，关键时候给宝宝一个提示，出个主意，提个建议就可以了。例如建议孩子造沙子城堡、在沙子上画画、玩磁铁钓鱼等游戏，让宝宝获得了认知，发展了创造性，提高了积极性。

宝宝玩水玩沙 4 个注意事项

★ 水不能太凉,最好是太阳晒过的。

★ 对沙子可进行必要的清洁,保证没有伤害性的杂物。

★ 家长要在旁边监护,不要让宝宝在高桶边玩水,防止溺水。

★ 要给宝宝套上防水的围裙。

宝宝富有创造性的特点

❶ 喜欢用创造性的方式学习。在游戏中,他们喜欢提问、猜测,总是试图提出新的发现。他们爱动脑筋,积极寻求新的答案,不愿模仿别人,也不愿别人告诉他们现成的答案。

❷ 在游戏活动时,表现出不同寻常的计划性和组织能力。富有创造性的宝宝能够在游戏中计划自己的行动,而且往往是游戏的发起者、组织者。

❸ 有惊人的持久性。创造性强的宝宝只要迷恋上某种活动,就可以比别的孩子集中较长久的时间。

❹ 富于想象。创造性强的孩子往往想象力丰富,他们喜欢在游戏中扮演不同的角色,以想象的方式来满足参与成人社会生活的愿望。

❺ 富有钻研精神。有创造性的宝宝对某种物品或某种事情不会轻易感到厌烦,他们总是积极热情地探索研究。

宝宝玩水和泥巴游戏指南

百变水龙头

宝宝通过手指与水的接触,让流出的水变化出各种形状,在满足了好奇心的同时,他的智力潜能也得到很好的锻炼和开发。

沉沉浮浮真好玩

给孩子提供一些能在水中沉浮的不同物体,在游戏前,先让孩子猜测:哪种物体能浮起,哪些物体会沉入水中。试验完毕后,告诉孩子:浮起的物体通常是树叶、羽毛等轻的东西,或者是乒乓球、足球等充满了空气的东西;而下沉的物体通常都是重的东西,如石子、玻璃球。这个小游戏可以让孩子了解浮力,认知一些物品或物体。

吹水泡

用肥皂水来和孩子一起吹泡泡,或者把瓶子全部没入水中,让它翻出水泡。也可以用一支吸管,将它一端伸入水中,用嘴在另一端吹气,使水中冒出许多水泡,孩子总是会高兴地一遍遍尝试。

哪些物品能吸水

准备好海绵、绒布、金属块、塑料块等物品,先让孩子猜测,接着由孩子进行试验。通过游戏让孩子认识哪些物品可以吸水,哪些物品不吸水。

变色水

让宝宝将带有颜色的液体或能溶解的碎屑,掉进水中,其颜色会在水中逐渐扩展开来,最终使水的颜色发生改变。

摔泥巴

拿一块泥巴,先揉捏好,用大拇指在揉好的泥巴中间按一个坑。沿着这个坑继续按,扩大坑的边沿,捏成个盆状,往里吹口气,倒过来猛地往平整的地上一甩,一声爆响,然后盆底像开了花似的!谁摔得声音大,就表示谁厉害。

捏泥巴

和孩子一起用泥巴捏成小人、动物或者花草树木。捏的过程中,还可以和孩子一起唱《捏泥巴》儿歌:"捏呀、捏呀,捏泥巴,一捏捏个胖娃娃,胖娃娃能说话,会叫爸爸和妈妈。"

3 爱臭美的宝宝

不知哪一天起,一些女孩会特别热衷于学妈妈化妆,她会用口红涂嘴唇,用腮红涂满脸,用各种颜色的水彩笔涂满指甲,会用黑色的记号笔把自己的眉毛画得一个高一个低,会喜欢穿漂亮的公主裙,想象自己是童话里的公主……而且,每天孩子都要自己挑选衣服,按照自己的要求穿戴好才出门,甚至自己喜欢的衣服都不愿意换下来……

很多家长难以理解儿童的这种特殊要求。其实这里面隐藏着儿童成长的又一个秘密——从两岁左右开始,孩子进入了"审美敏感期"。

孩子的审美敏感期是螺旋式发展的,从对吃的东西要求完美、完整,到对所用东西要求完美、完整,再到对自我的形象要求完美,最后上升到对环境、对内在气质、对艺术品质追求完美等等。

这个阶段的孩子会变得十分挑剔和敏感,对事物都有自己的标准和要求,一旦被打乱就会发脾气、哭闹。家长不要担心孩子会受到什么消极的影响,比如担心孩子过分注重自己的外观,而变得爱慕虚荣。这是孩子正常发育的一个阶段。这对孩子有着重要的意义,体现在个人魅力、气质、个性特点上。

家长应该尊重孩子的审美需求,可以给孩子提供适宜的物品,给孩子自己选择穿衣的权利等。同时,引导孩子形成健康的审美趣味。成年后的气质是在儿童期形成的,童年的审美奠定了人一生的审美倾向和生活品质。

要培养正确的审美观,家长可以设计一些亲子游戏,如给每套衣服取一些孩子感兴趣的名字——漂亮公主装、超人战衣、神奇斗士装等,家长帮助孩子进行选择、搭配,告诉孩子一些穿衣的道理,如"大冬天穿裙子会生病",以便缩短穿衣时间,更好地培养孩子的审美情趣,增强亲子交流。

另外,给孩子买衣服不要过于追求品牌和价格,在兼顾美观的同时,也要注重衣服的实用性和舒适性。

在游戏中培养美感

漂亮的手镯

妈妈先让宝宝在彩纸上随意画成各种线条或三角形、圆形等图案,然后用安全小剪刀把纸剪成一个小手镯,引导戴到手腕上。这不但可以锻炼宝宝手眼协调能力和精细动作,还能让孩子感知色彩和图案,对宝宝右脑的开发有很大的帮助。

美丽的树叶画

和宝宝一起收集一些颜色、形状各异的树叶,叶面要完整。小心用布把树叶擦干净,夹在书本里压平。再给宝宝准备好剪刀、胶水、白纸等工具,就可以制作树叶画了。

作品完成后,教宝宝用稍重、平整的物品压住树叶作品,使其慢慢干燥,避免在阳光下暴晒,以免叶面卷曲,影响画面。

鸡蛋壳作画

妈妈先准备若干个光滑有规则的鸡蛋壳,各种颜色的画笔,引导宝宝用清水清除壳内残留的蛋清,然后让宝宝自由地在鸡蛋壳上画笑脸或者哭脸等形状。这可极大地提高宝宝的创作热情,提高宝宝审美能力。

漂亮的石头画

妈妈和孩子一起从河滩、路边上捡来形态各异的鹅卵石,通过摆一摆、画一画、讲一讲等,引导孩子独立思考,依据石头形状拼摆或涂上各种颜色,使一块块没有生命力的石头变成了可爱的、形态各异的小动物,可极大地提高孩子发现美、创造美、表现美的能力。

关注宝宝的审美特点

● 所有的父母都希望自己的宝宝全面发展，成为样样精通的全才。要想宝宝全面发展，就要使宝宝的心灵得到全面的滋养和熏陶，其中不可或缺的就是对宝宝进行关于美的教育。这种美，并不是道德意义上的美，而是艺术的美。

● 要想对宝宝进行良好的美的教育，首先要关注宝宝的审美特点。对宝宝来说，审美和生活中其他思维和感官活动一样，还只是停留在游戏的概念上。

● 这个时期的宝宝，他们的审美一般只关注局部，而忽略整体和全局。看一幅图画的时候，宝宝最爱看的还是那些他熟悉的事物，比如说一只鸟儿、一条鱼、一棵树、一个宝宝等等。对于这些图画是否美观，是否合乎人们的审美，宝宝并不具备判断能力。

● 美的教育，能够培养宝宝的想象力和创新思维，是宝宝教育过程中不可缺少的方式之一。

宝宝审美养成，家长应该这样做

1. 审美教育不要好高骛远

审美教育难度大，因而不能好高骛远，对孩子要求过高，而应注意尊重孩子的发展规律，逐步引导孩子成长。

2. 正确评价孩子的审美观

大人不要站在成人的角度，对孩子眼中的"美"，用"好丑"、"怪异"等定性的词语进行简单粗暴的评判，孩子需要的只是家长的肯定和引导。

3. 在游戏中进行审美教育

孩子的审美教育可以通过游戏来进行。比如和孩子一起用积木搭建一座城堡，引导其感受建筑中的艺术美；和孩子一块玩拼图，从中学会色彩搭配等等。

4. 为宝宝提供良好的审美环境

宝宝的审美好似一张白纸，家长一定要注意提高自己的艺术修养和审美水准，为宝宝提供一个良好的、正面的审美环境，可以带孩子参观博物馆、艺术馆、美术馆、陶艺馆等地方。

5. 引导孩子形成正确的审美观念

父母需引导孩子在日常生活中体验美，让孩子明白，审美有个体的差异性。不同的人有不同的审美观，你认为是美的，别人不一定就认为美，美重在自己的内心感受，而不在相互攀比或与他人一致。当然，家长想让孩子树立正确的审美观念，首先自身需要具备较正确的审美观念。

4 爱用筷子敲打碗

宝宝2岁多了，一直乖乖巧巧的，最近却有了个习惯，总喜欢敲打东西。吃饭时，他会拿着筷子不停地敲打碗和桌子；玩玩具时，他会抓起其中的任何一件，去敲打周围的物品，桌子、椅子、冰箱、电话样样都逃脱不了他的"毒手"。妈妈再三阻止，宝宝仍然乐此不疲地四处敲打。

其实，宝宝频繁出现这样的敲打行为，意味着孩子进入了音乐敏感期。2～3岁的宝宝，对周围环境的声音已经相当敏感，对有强烈节奏的音乐特别感兴趣。听到自己喜欢的音乐时，有很直接的表情反应；有些宝宝很喜欢翻来覆去地听同一首歌，自己口中还会念念有词，低声哼唱几句歌儿或某首歌的某个片段；生活中发现会发出响声的东西，宝宝还会就地取材的把它当做乐器，比如说敲击会发现出响声的杯子、盘子、碗等等。

孩子的音乐敏感期同其他敏感期一样，也呈现螺旋状发展的过程。几乎所有的宝宝都喜欢节奏，2岁时就能把握好节奏；3～4岁时则对简单而重复的旋律开始感兴趣；5～6岁时开始能选择自己喜欢的音乐并自发用动作表达旋律中较为复杂的音乐；6～8岁时就能体验音乐带给他们的或陶醉或悲伤等美妙感受。

音乐敏感期内，如果家长刻意去制止孩子的敲打行为，无疑会影响到孩子的正常发展。这是因为孩子在敲打东西时，双手是在触摸外界事物，敲打发出的声音又会刺激大脑反应，引发孩子的思考。比如，孩子在用筷子敲桌子或碗时，他可能就是在想："为什么敲碗和桌子时发出的声音不一样？为什么碗的声音会比较清脆，桌子的声音会比较闷？"同时，各种物体碰撞时的不同声响，也会让孩子初步感受声音的魅力。

在这一时期，家长可以和孩子一起敲着玩，或变换着节奏敲东西让孩子听，使他们的双手和眼睛都能从中得到锻炼。如果孩子敲打东西发出的声音很有节奏，也可适当表扬一下他，这样能极大地满足他寻找快乐的愿望，并提高其音乐欣赏能力。

宝宝应着重训练的音乐智能

优美、富有情感的音乐旋律和节奏，对宝宝的听觉起到良好的刺激作用。满足宝宝的听觉和精神需要，有助于宝宝情绪、想象力等各方面综合智能的发展。爸爸妈妈可以从三方面培养宝宝的音乐智能。

一是音准。

要培养宝宝的音乐智能，音准（准确的音高感）是基础。对宝宝音准的培养，可以通过游戏来进行。比如爸爸妈妈可以买一些数字泡沫垫或有音阶字符的地板贴画布置在宝宝的卧室里。大人唱音阶，宝宝要按照爸爸妈妈唱出的音阶跳到指定的泡沫垫上。也可以买些乐器，让宝宝按照"哆"、"来"、"咪"、"发"、"嗦"、"啦"、"西"音阶顺序敲打，锻炼宝宝的音准感觉。

二是节奏。

引导宝宝随着音乐的节奏拍手，或者击鼓，让宝宝用动作来体验音乐的节奏，这样就能强化宝宝对

三是音色。

爸爸妈妈可以让宝宝多听听不同的乐器分别是什么音色，然后玩声音配对游戏。比如爸爸可以敲敲铃鼓或者拨一下琴弦、按一下钢琴按键，让宝宝分辨刚才是哪种乐器在响；或者给宝宝放一段乐器构成稍简单些的旋律，让宝宝听听里面都有哪些乐器等等。

音乐的构成要素非常复杂，鉴于宝宝的接受能力，家长可以循序渐进的来培养宝宝的音乐智能，不要操之过急。让宝宝在游戏中感知音乐，让学习音乐成为宝宝的一种享受，而不是负担。

培养宝宝唱歌兴趣的 4 个步骤

1. 让宝宝对唱歌感兴趣

给宝宝创造一个充满歌声的生活环境，比如说早晨宝宝起床的时候、吃饭的时候，多放一些节奏舒缓、音调优美、歌声轻松动听的音乐。也可以多和宝宝玩些模仿操的游戏，一边唱一边做，能极大地促进宝宝的兴趣。

2. 鼓励是对宝宝最大的支持

当宝宝轻声细语在哼唱一些你觉得跑调或不知所云的歌曲时，千万不要用"哎呀，跑调啦"、"真难听啊"、"唱得什么呀，乱七八糟的"等等带有嘲讽意味甚至质疑意味的话伤害宝宝。

3. 多玩一玩唱歌的游戏

比如说爸爸妈妈可以喝宝宝玩一玩歌词接龙的游戏，或者比赛唱同一首歌，看谁唱的最完整最正确等等。

4. 家长不能有过分的功利心

唱歌和说话、画画、自由自在的手舞足蹈一样，是宝宝感知世界，表达自我的一种方式，因而不能强迫宝宝在人面前表演，或者逼他参加不喜欢的各种比赛。

艺术熏陶≠技能训练

1. 不要把发展宝宝艺术潜能同化为技能技巧的训练

宝宝艺术潜能的发展重在艺术的审美体验，因而父母不要追求单纯的技能训练，过于看重过级考证，宝宝会弹几首曲子、会画几幅画等。而应有意识地创造环境，或带宝宝到大自然中感受现实生活中的色彩、线条、平衡、对称、节奏、韵律等美的要素。

2. 切莫把宝宝的艺术潜能简单定位

大多数宝宝在早期的艺术表现是多方面的，在发展的不同阶段可能会表现出不同的艺术兴趣，比如一会喜欢画画，一会又喜欢弹琴，过不了多久又喜欢上跳舞……因此，过早地、简单地把宝宝的艺术表现定位在某个方面，往往会造成宝宝片面发展。父母要仔细观察宝宝的艺术兴趣点，找出他的艺术敏感点，然后创设相应的环境，为宝宝艺术发展的潜在可能向现实转化提供条件。

TIPS：

审美敏感期，一般自1岁多开始发展，是一个发展序列。

❶ 对食物要求完整、完美（1～2.5岁）。

❷ 对所用的东西要求完美、完整（3～4岁）。

❸ 对自我形象要求完美，尤其是女孩子对自己的衣服和服饰产生了浓厚的兴趣（4～5岁）。

❹ 最后上升到对环境、对内在气质、对艺术品质追求完美等（6岁以上）。

5 涂鸦的奥秘

宝宝1岁多以后，就会拿起笔，在纸上乱涂乱画；2岁多时，开始画线状团，并尝试运用图片和实物来传达和阐明自己的想法；3岁左右，有了运笔意识，画的形状成了不规则的梨形、圆形以及其他的简单形状；4岁之后，会不断要求大人给画，他开始意识到自己能力有限，经过一段时间的观察再自己画；5岁时，可以把握想要表达的事物的宏观形状，比如人，儿童可以抽离出人的基本特征：眼睛、嘴巴、四肢……再大一些开始对细节有了发现和用绘画表现的能力。

之后，这种现象更加强烈，把描画物体作为一项很了不起的"事业"经营着。有时找不到纸，甚至会在墙壁、桌子上涂抹：歪歪扭扭的线条，没有规则的界面，扁扁的太阳，线一样的月亮……

宝宝在纸张、墙壁或者其他物体表面留下一些奇妙的痕迹，画出的奇怪图案在心理学上叫做"涂鸦"。

涂鸦对宝宝来说，就像语言和手势一样重要。对于他们来说，涂鸦是一种意识觉醒，宝宝知道画在纸上的线条和形状可以代表周围环境中的事物或者着一个故事。比如涂成黑黑的一片，代表天黑了，小动物都回家睡觉了。

幼儿最初的"涂鸦"虽然幼稚、单纯、混沌，看似很随意，实则是他们对身边事物感兴趣、想表达感受的一种行动，并且迸发出了智慧的火花。"涂鸦"是宝宝发展想象力的途径，也是宝宝创造力的最初体现，为宝宝插上了想象的翅膀，使其拥有不竭的创造力。

涂鸦在开发宝宝创意思维能力的同时，对宝宝动手能力的锻炼尤为突出。手被称为人类的第二个脑，动手也就是让大脑功能再次得到锻炼。涂鸦还可以激发宝宝绘画潜能，培养他的艺术细胞及审美观；还能帮助他宣泄不良情绪，满足其动作自然发展的需求，培养其独立性、自信心，增强其表达和欣赏的能力。

另外，涂鸦也是家长与孩子沟通互动的桥梁，让父母更了解自己的宝宝，增进亲子关系，同时也有助于宝宝性情的稳定发展。

宝宝涂鸦的 4 个阶段

第一阶段：涂鸦表现期。宝宝把动作与想象联系起来，从单纯的肌肉运动转向形象思维，是绘画能力的一大飞跃。

第二阶段：线形涂鸦期。重要特征是动作重复性强，不断地画线条可以增强宝宝动作的协调性和控制感。

第三阶段：无序涂鸦期。涂鸦是缺乏"控制"的运动，画面常常呈现混乱和无组织的状态。

第四阶段：圆形涂鸦期。画圆需要更多的运动能力和更复杂的动作，宝宝的动作表现出更高的控制能力。

涂鸦反映着儿童心理和性格差异

儿童绘画过程中，任何一个动作都有意义，暗示着孩子一定程度上的心理状况，找准孩子心理偏差方向，才能进行正确纠正。

通过对孩子的图画进行解读，家长可以准确找出孩子性格中的偏差方向，并及时地予以纠正，帮助培养健全、健康、积极向上的人格。

绘画	心理状况	表现特征
颜色选取	对于儿童来说，对某种色彩的偏好暗示着一定的性格倾向。	黄色：依赖性较强，独立性不足。
		蓝色：有老大或自私的倾向。
		红色：意味着性格刚烈，调皮而感情丰富。
		粉色：除了象征着充满爱心以外，也意味着具有高度的审美观，优雅，温柔，体贴。
		紫色：爽朗，个性上较为随和，没有心机，具有宽容的胸怀以及极强的好奇心和上进心。
		橙色：个性较为活泼外向，人缘好，但有点自我中心，不懂得体谅别人。
细节描绘	反映了宝宝对世界的兴趣和印象，对这个世界的接受程度。	正常描述：对画面主题会有一定的细节描绘，但不会加上不需要的细节或删掉重要的部分。
		过多细节描绘：则呈现着一种不正常的强烈控制环境的需要。
		模糊描绘：暗示了儿童内在空虚、低活力、沮丧和内向型的个性。
图形位置	是宝宝生活环境的反射。	精神上受创儿童，因为过度焦虑而无法控制情绪，因此无法将所描绘的线条和物体精确地摆放在应有的位置上。
图形大小	可以用于解释绘画者对自我的认识。	五岁以上的小孩子，在 8.5 英寸 ×11 英寸（21cm×27cm）的纸张上，若所画的单个人物图形超过 9 英寸（22cm 左右），则可能蕴含着幼稚、夸张和一种容易看出来的情感伪装，这样的人，行为可能较具侵略性和恐吓性。

如何正确对待宝宝的涂鸦行为

很多时候,宝宝的涂鸦就是一种破坏行为,粉刷一新的墙壁、心爱的杂志、干净的床单、价格昂贵的家具都可能成为宝宝涂鸦的地方,都会印上宝宝的"倾情之作"。如此情形,家长该怎么对待,是火冒三丈大声制止,还是鼓励欣赏?

态度不同结果不同。竭力制止结果是,宝宝丧失了对美术的探索热情,不再对绘画感兴趣,想象力和创造力很大程度上被打压,艺术天分也许被扼杀。因此,有眼光的家长态度应该是鼓励和引导、爱护和欣赏。

❶ 引导孩子仔细观察身边的花草树木等等,在头脑中留下初步的印象,他们才有可能用画笔再现这些事物。

❷ 鼓励孩子画一些他们自己感兴趣的事物,如小动物、树木、花草、太阳、月亮等等。

❸ 用欣赏的态度和发展的眼光看待宝宝的涂鸦之作,轻易不要用"像不像、好不好"来评价。

❹ 在家中特辟一面墙,最佳之选是卫生间的瓷砖墙壁。画完后,和宝宝一起清洁还能使宝宝养成不随处乱画的好习惯。

❺ 家长可以经常改变房间的布局,让宝宝获得不同的空间感受。宝宝涂鸦时,可以放些轻音乐,有益于发挥他的想象力。

❻ 为宝宝提供不同种类的纸张、画笔和颜料。可以帮宝宝采用多种绘画形式,如棉签画、吹画、水彩画等。

❼ 让宝宝多看、多接触新的环境,他的思维能力将从中得到发展。涂鸦中,对事物又会产生新的认识,其智力发展也将进入一个良好的循环。

❽ 宝宝涂鸦时,家长可以采取游戏形式加以引导,往往能事半功倍。

❾ 表扬孩子应该用针对性强的描述性的语言,孩子才能明白,自己的画好在哪里。比如"这树叶画得很形象"、"这个天空的颜色很大胆夸张"等。

> 对于孩子画画而言,父母最重要的是培养孩子画画的热情和兴趣,在快乐的基础上学会表现主题和技巧。

6 宝宝脑海中的世界

1.5～2岁时，宝宝的生活阅历越来越丰富了，模仿能力也逐渐增强，开始把日常生活的经验运用到游戏中，把生活中的行为举止搬到他自己的活动中去。比如，宝宝会像家长一样抱着玩具娃娃给它穿衣、吃饭、打针、吃药等。

这样的表现告诉我们：想象在宝宝那里萌芽了！开始进入想象力敏感期了。

3岁以后，宝宝的想象力获得突飞猛进的发展，如同插上了翅膀。在游戏中，宝宝会尽情发挥自由联想，手上的东西都有了象征意义：比如，小凳子可以变成汽车，长木板变成了火车，纸杯可以是电话，一个枕头就是一个小宝宝，或者把一个简简单单的盒子想象成快艇、小动物的家、魔术盒……

在宝宝幼小的心灵里有着许许多多的奇妙想法，他们的思维就是一个超大的想象空间，可以随时飞出地球，穿越时空，这是我们成年人所不能及的。

爱因斯坦曾说："想象力远比知识更重要，因为知识是有限的，而想象力囊括着世界上的一切并推动着进步。想象力才是知识进化的源泉。"另外，虽然观察、记忆、思维等能力能使儿童获得大量的事实和信息，促进儿童智力的发展，可是如果没有想象力，这一切都会失去生命力。

由此可见，想象力是多么的重要！

幼儿想象力发展的不同阶段

年龄	想象力发展特点
1~2岁	想象力萌芽并逐渐发展，开始玩假装游戏，如将椅子当（想象成）汽车开，将木棒当马骑等。多是宝宝生活的简单重复，并无创新的成分。
3~4岁	宝宝想象力有突飞猛进的发展，想象以无意想象为主，进入自由联想阶段，如：过家家，教师讲课等。尽管内容是宝宝不熟悉或没经历过的，可往往都是现实中出现过的。此阶段想象仍处于初级阶段，缺乏特定目的；在想象力发挥的过程中宝宝得到快乐和满足。
5~6岁	宝宝创造性想象萌芽，想象的目的性和主动性都有了很大的提高，如：宝宝会拼图，可以用橡皮泥捏出不同造型等，他们的观察力、空间想象力、知觉组织能力得到了很好的发展。

可以经常反复做的游戏

1. 鼓励孩子拆装废旧物品

比如家长可以让孩子将废旧的钟表拿去拆装，甚至家里的电脑等器物，家长都可陪孩子一起拆装维修。

2. 常给孩子做一些想象力方面的训练

比如给出一些简单的符号：一条线、一个半圆、一个圆圈，让孩子根据这些来组合成一段话或者故事，鼓励孩子尽可能多地组合一些更复杂、完全不同的故事出来。

3. 多让孩子做一些脑筋急转弯的练习

如果给出"树上有十只鸟，用枪打下一只还剩几只？"这样一个问题，家长要引导孩子不要着急回答，而应提示他想想各种可能存在的情况，比如，"这些鸟有没有怀孕？"、"这十只鸟里面有没有聋子"等，鼓励孩子思考时多转几个弯。

培养宝宝想象力的 10 大准则

丰富的想象力对宝宝的成长和社会的发展至关重要。美国优秀教师、美国教育新闻网专栏作家艾伦·汉斯克维兹认为,培养想象力应遵循十大准则。

❶ 重要的是过程而不是结果。

❷ 对宝宝的作品多提问题。

❸ 要点点滴滴从小事入手,脚踏实地。

❹ 改变固有思路,从不同角度让孩子开动思维。

❺ 别对宝宝最初的想象力评头论足。

❻ 玩新玩具不如创造新玩法。

❼ 多让宝宝接触美术和音乐,玩积木、模型等创意游戏。

❽ 多接触新事物,多积累经验,解决问题的思路就越广。

❾ 避免对宝宝的想象夸大其词。

❿ 鼓励宝宝始终保持开放的思想。

保护宝宝想象力的生活细节

❶ 给宝宝讲故事，诵诗歌，并鼓励他把自己想象的内容、情节用语言表达出来。

❷ 引导宝宝表演故事，可适当引导和提醒，却不能为了故事本身而扼杀宝宝的想象力。

❸ 尊重孩子的想象力，越被大人赞赏、肯定，孩子就越乐于想象。

❹ 让孩子学会观察生活，以便为孩子的想象力提供素材。

❺ 鼓励宝宝根据自己的想法和理解进行创新，并给宝宝留下充分的想象和创造的空间。

❻ 认真对待孩子的"为什么"，而不是敷衍。

Part 4
开启宝宝空间运动智能之门

喜欢到处搬动、乱扔东西；喜欢把里面的东西倒出来，把外面的东西塞进去；喜欢钻大小不同的洞、爬上爬下、奔跑跳跃、旋转、攀爬……让宝宝成为空间运动达人。

空间运动智能发展特征

年龄	空间运动智能特征
1个月内	第一周,胳膊和双腿还没有完全伸展开,蜷缩着身体,当他感觉到很大的声音或突然的动作时会自动拱起背来,伸开手臂和腿,但这些运动多属无意识和不协调的;一周后,宝宝会四肢会伸展,出现一些特定的肢体反射运动,手有抓握的能力。大人把手指放入小宝贝的手掌中,他们会立即有回握反应;观察他睡觉时手是否有自发的握拳和张开的动作。
2个月	宝宝俯卧大约能支持30秒钟时间,脸与床呈45°。由于先天反射还没消失,会经常攥着拳头。宝宝俯卧,双手放在头的两侧,大人在前面用玩具逗引,看宝宝会不会抬头。
3个月	宝宝俯卧抬头与床面呈90°,俯卧时可用前臂撑起,可以自己从仰卧转为侧卧,自己的两只小手已经能相握,抓握能长达30秒。让宝宝俯卧,两臂放在头两侧,大人用玩具在前面逗引宝宝;让宝宝仰卧,穿着宽松,手臂能左右活动时,两手会在胸前接触。
4个月	扶着宝宝的髋部能坐、尝试翻身,俯卧位两手支撑可以抬起全身;能靠坐10~15分钟,头直立、平稳、背挺直;俯卧时,能昂头与平面呈90°,仰躺时,可以伸长脖子看手够脚;可以有限地弯曲腰以下的肌肉;能提高臀部;俯卧时可以从一边滚向另一边,可以由俯卧滚成侧卧或仰躺。
5个月	双手扶着宝宝腋下,宝宝能在床上或大人腿上站立2秒钟以上;宝宝仰卧,在其上方悬挂玩具,能抓住玩具;能先后用两手抓住两块积木。
6个月	俯卧时,能用肘支撑着将胸抬起,但腹部还是靠着床面,仰卧的时候喜欢把双腿伸直举高。能够较为平衡地背靠枕头坐着,能够肚子贴在地上爬。可以用一只手拿东西。
7个月	已经可以不用支撑自己坐起来,翻身动作也已经很灵敏,肢体动作相当活跃。宝宝的平衡能力发展得相当好,头部运动也非常灵活。父母可以双手扶着宝宝腋下,看看宝宝是否上下跳跃。
8个月	会用手指捏东西,会扶杯喝水,会自己吃东西。能够翻身,能够爬,也能够站立。观察宝宝是否会拿着两个东西,然后对碰;是否会去捏玩具,张开手让大人抱抱。
9个月	已经可以坐的稳稳当当,坐着的时候会转身,也会自己站起来,站起来之后可以坐下;可以扶住宝宝双手让其学走路。观察宝宝坐下的时候能不能不用依靠家具站起来;大人扶住宝宝鼓励其迈步,宝宝能迈2~3步。
10个月	能够独自站起来,并且依靠学步车慢慢地走几步;一只手可以拿两块小积木,手指的灵活性增强,两只手也学会了分工合作。此时可以看看宝宝把玩具扔掉之后能不能自己捡起来,会不会用拇指和食指捏起东西。
11个月	已经可以在大人用一只手牵着的情况下走路;可以把书打开再合上,喜欢独立完成一些简单的动作,手指的使用也更加灵活。
1岁	能独立站片刻,不用扶也能走几步,弯腰、招手、蹲下再站起更是不在话下,开始喜欢学走。双臂能上下前后运动,能牵着大人的手上下楼梯,能自己玩搭积木,小手也开始变得灵活,会穿珠子、投豆子等。
2岁	会独自上下楼,能金鸡独立;会简单书写;会拍球、抓球和滚球;会做一些生活中的精细动作。宝宝单脚站立2秒以上;会两脚交替上下楼;能写出0和1;能做一些开瓶盖、解扣扣、剪纸等精细动作。
3~4岁	会骑小三轮,能快速跑步,但有时还会跌倒,会使用剪刀,能端装水较满的水杯,能自己脱裤子和衣服、穿裤子、穿没有纽扣的衣服;能自己扣纽扣;能画直线和简单人物、风景画。能较精确的把球投儿童式篮球架的框里;能自如的双脚跳过障碍;会折纸做简单的手工。
5~6岁	可以开始学写字,但还写不好;已经会边跑边拍球,能精确按照纸上画好的线路裁剪图形。能从三层台阶上跳下来,落地平稳;立定跳远在80厘米以上;单脚连续跳30下以上;会花样拍球;会运球跑。具有较熟练的绘画和手工制作技能。

1 什么都爱抓一抓

7个多月后,家长会发现,宝宝行动力越来越强,也越来越不乖了,经常自己用手抓饭吃,还喜欢抓面条、草莓、香蕉等等黏稠的东西,看到汤勺、玩具甚至各种布片、石头粒、泥巴,不管干不干净,也用手抓过来捏来捏去……家长不禁担心:这多不安全啊,万一吞到肚子里怎么办?

其实,这是一种探索世界的表现,父母强行遏制,并不科学,相反该正确引导。

童年期锻炼用手非常重要。我们常看到很多成人不会用手或者很笨拙,不会拿筷子,不会按键,不会用手指夹围棋,不会栓绳索。这都是童年时期这方面发展受到阻碍有关。婴幼儿是用手来思考的,手的自由使用不仅表达了他们的思维,也表达了他们思考的过程,禁止手的活动,就相当于禁止了他们的思考。

另外,一些科学研究也表明,人的大脑中与手指相连的神经所占的面积较大,平时如果经常刺激这部分神经细胞,人脑会日益发达,达到心灵手巧。

对于宝宝来讲,手是智力最直接的延伸,手的灵巧是智力出众的表现。所以说,宝宝手的动作,特别是手指的动作,越复杂、越精巧、越娴熟,就越能在大脑皮层建立更多的神经联系,从而使大脑变得更发达。

总的看来,宝宝手部精细动作的发展遵循了从混沌到分化、从无意识到有意识的发展规律,基本形成了从"本能地抓握→有意识地满把抓握→拇、食指以及拇、食、中指的协调抓握→抓、放可逆→双手协调"这条明显的发展历程。

孩子如果掌握了一些基本的精细动作,宝宝就会很乐意地利用自己的能力去做一些"大人的活"。现在的父母都比较注重孩子掌握走、跑、爬、跳等大动作,其实在这个年龄让他们去学习抓捏、挤压、旋转、搓捏等精细动作,更能配合手眼协调能力的发展。所以,父母应有意识地在日常生活中对孩子进行手部精细动作方面的训练。

0～1岁宝宝手精细动作训练要点

1个月

此阶段宝宝的手是呈拇指在手心的握拳状，还不能抓住玩具，妈妈可以在宝宝吃饱喝足、心情愉快的时候，一边对宝宝说话或唱歌，一边轻轻地掰开宝宝的拇指，再将手指一根一根地打开，轻柔地抚摸宝宝的手指，再一根一根合拢，如此反复进行。

2～3个月

此阶段宝宝初步有了些抓握能力，家长要有意识地放一些带有细柄的玩具在他手中，如花铃棒、拨浪鼓等。最好的就是塑料捏响玩具，如用手一捏发出响声的小鸟，手感很柔软，颜色亮丽，很受宝宝青睐。

大人还可以把一些生活日用品拿来给宝宝当玩具，比如把铅笔杆、水果糖或其他光滑的小玩具放进他手心，让宝宝去抓。

4～6个月

这时宝宝手眼的协调性不断增强，宝宝已不仅只是把手指送到嘴里，还会把自己抓到的东西喂到嘴里。

随着视觉和运动能力的不断发展，不仅能用眼睛观察周围的物体，而且会在眼睛的支配下，准确地抓住东西。成功抓握后，宝宝会观察手中的东西，然后捏着玩，有时甚至还会把东西抓到另一只手上；嗅觉和味觉已经很灵敏的宝宝会把这些东西送到嘴里，一边吃一边玩，吃得津津有味，玩得乐在其中。这不仅是动作上的进步，也是视觉、嗅觉、味觉水平都有提高的结果，又是智力发育登上新台阶的标志。

7个月

宝宝手的动作明显得灵巧了，手指动作更加精细，可熟练地抓起很多小物品，可以轻松地操作一些玩具来自我娱乐。

8～9个月

宝宝此时认知能力和语言接受能力都有了较大提高，已经能够把自己经常玩的玩具和名字对上号。当听到大人说出玩具的名字时，宝宝会很快地用眼睛找到。这个时候，就可以开始和宝宝玩寻找玩具的游戏了。

10 个月

宝宝的精细动作日趋完善，家长可以多陪宝宝玩一些能够锻炼手指的游戏。刚开始训练时，妈妈可以先让宝宝练习用手抓起玩具（比如小积木、小乒乓球等小玩具），训练他用拇指和其他指配合抓起小玩具，每日练习数次。

等宝宝可以熟练地抓起小玩具后，就可以在干净的小盘内放些糖豆、爆米花等，训练宝宝用拇指、食指捏取，以后逐渐发展到用拇指和食指相对捏起，每日可训练数次。

逐渐过渡到给宝宝一套套圈（或者套塔、套杯）玩具，让宝宝用拇指和食指对捏圈，将圆圈按从大到小的形状，一个一个地套在中心套柱上，直到最小的圈套完。

这些游戏可以训练宝宝手—眼—脑的协调配合能力，宝宝可以在游戏中得到多重锻炼，如可练手、练脑、练观察力、练分类能力等。

11～12 个月

宝宝会敲击东西，如果敲出响声会非常高兴；还会把手里的东西扔出去。手指变得很灵活，抓住东西往嘴里送的次数较之前更多。能够拿起积木，并喜欢多次反复拿起和扔掉。还能双手握住杯子喝水，用笔在纸上涂涂画画。

手眼协调运动的发展对促进儿童心理发育有着非常重要的作用。婴儿通过把玩物品，可以从中感觉到物体的大小、形状、颜色、质地等特点，从而加深对物体特征的认识，也能提高宝宝的观察能力，让宝宝在玩耍中增长不少见识。

1～3岁宝宝手精细动作训练要点

1. 发现和利用生活内容

孩子的生活中充满了各种锻炼的机会，关键在于父母的发现和充分利用。譬如出门前，可以让孩子扭开门把手开门；回家时，教孩子用钥匙开门；当妈妈给孩子讲故事时，可以让他翻书。如果孩子刷牙，可以让他自己挤牙膏；孩子洗手时，可以让他自己开龙头、抹肥皂、搓手、冲洗。在不着急的时候，还可以让孩子自己拉拉链、解扣子；做饭时，可以让孩子参与剥豆子等；吃饭时，让孩子自己盛饭菜等。

2. 巧妙利用玩具

其实有许多孩子喜欢的玩具也是他学习精细动作的伙伴和老师，譬如画画、贴贴纸以及剪纸等，都是特别好的训练手指、手腕、手臂动作配合的游戏；又如橡皮泥、面团等，通过捏、按、揉、压等动作对锻炼小手的灵活度以及力度都有非常不错的作用。"穿针引线"、拼插玩具、拧螺帽等，不仅能够训练孩子的食指、拇指以及手腕的配合，还能促进孩子的手眼协调能力和耐心的培养。而给玩具娃娃穿衣服，可以帮助孩子学会解扣子、系带子等生活技能。

6个游戏，让手指更灵活

捡球与丢球

球类游戏是这个阶段最受父亲和宝宝欢迎的游戏。宝宝很喜欢捡球与丢球的动作。家长要选择一个大小合适、轻一点的小塑胶球，比如乒乓球就很好。

爸爸先将乒乓球放在地上，引导宝宝爬过去，说："宝宝，把球捡起来。"可以对宝宝多强调几次"捡球"的命令。等宝宝成功拿到乒乓球后，再告诉他："宝宝，把球丢给爸爸。"同时给宝宝示范"丢"这个动作。

这个游戏可有效地锻炼宝宝的抓握能力。

开盖、盖盖

妈妈拿一只带盖的塑料小瓶放在宝宝面前，向他示范打开盖、再合上盖的动作，然后让他练习只用大拇指与食指将杯盖掀起，再盖上，反复练习。宝宝做对了，就及时称赞他。

这一游戏能有效地刺激宝宝精细动作的发展，提升宝宝的运动智能，并有利于良好亲子关系的形成，促使宝宝心智的健康发展。

手指歌

妈妈和宝宝面对面地坐在床上。妈妈伸出双手，一边念儿歌，一边慢慢地给宝宝示范动作，以便让宝宝看清楚动作：

一边念"拇指大哥矮又胖"，一边伸出两个大拇指，对着宝宝晃一晃；

一边念"食指大哥细又长"，一边伸出两个食指，对着宝宝晃一晃；

一边念"中指大哥个最高"，一边伸出两个中指，对着宝宝晃一晃；

一边念"无名指小弟个也高"，一边伸出两个无名指，对着宝宝晃一晃；

一边念"小指小妹俊模样"，一边伸出两个小指，对着宝宝晃一晃；

一边念"快快乐乐一家子"，一边两只手在一起拍四下。

这一游戏，可让宝宝知晓五个手指的区别，并通过手指晃一晃的动作，训练宝宝的观察力、注意力，增强宝宝的节奏感、韵律感。

滚动瓶子

妈妈可以把枕头一端抬高，成为一个斜面，把圆形物品（如空塑料瓶子）放在较高的一端，让其滚下，自制成动感玩具。宝宝会在玩具落下时主动去抓。

也可以给宝宝一些可以滚动的圆柱体，如圆柱体饮料瓶，放在地板上，让宝宝爬着用两只手推动它向前滚动。待宝宝玩熟练后，再让他用一只手推动瓶子，并把它滚动到指定地点。宝宝按着指令做对了，妈妈要亲一下宝宝，以示鼓励。

多次重复这样的游戏，有利于锻炼宝宝的观察力和动手能力。

推小车

地板上铺上垫子，让孩子俯卧趴下，双臂撑起。爸爸抓住孩子双腿，推拉着向前或倒退，孩子顺势移动地上的双手，小车就"开"起来了。

这一游戏可以提高孩子的臂力以及手部运动能力。每次"开"小车的时间不宜太长。注意随时观察孩子的反应，一旦发现孩子表现出吃力的现象，立即停止游戏。

绕毛线团

妈妈先出示准备好的毛线，让孩子讲一讲，毛衣是用什么织成的。妈妈和孩子一起绕一团毛线，并唱儿歌"绕毛线"："绕、绕、绕绕绕，我帮妈妈绕毛线，红毛线，绿毛线，绕好毛线送妈妈，妈妈帮我织毛衣，我穿身上真欢喜。"让孩子观察毛线团由小变大的过程。

绕完线团后，还可以鼓励孩子画出大小不同、颜色不同的毛线团。并引导孩子说一说，画的毛线团可织成什么颜色的毛衣，如红毛衣、绿毛衣、花毛衣都可。

这一游戏能极大地锻炼宝宝手指精细动作。

让宝宝早点用杯子

随着宝宝的小手逐渐灵活、力量不断增强，家长可早点让孩子使用水杯喝水或喝牛奶。让宝宝及早使用水杯的益处有很多：

★ 对手部精细动作发育以及提高认知能力有促进作用。

★ 可避免产生长期频繁使用奶瓶而可能导致的龋齿。

★ 可以给宝宝提供更多说话的机会。

TIPS：

专家指出，3岁前的孩子处于成长的巅峰期，一生中80%到90%的精细动作要在这3年中奠定基础，给孩子创造一个良好的健康教育环境非常重要。0～3岁的幼儿教育，要以幼儿的快乐体验为原则，用运动的游戏方式开展。

训练手指精细动作时要注意

★ 贵在坚持。训练宝宝手指的精细动作，一开始可能是一个单调、重复、枯燥的过程，但一定要坚持下去。

★ 时间要适度。每次时间不能太长，开始时2～3分钟，慢慢增加至10分钟，要根据宝宝的兴趣而定。

★ 游戏要有趣。把单调的训练变成有趣的游戏。设计一些宝宝可以接受的游戏，和宝宝一起玩耍。

★ 宝宝情绪要高涨。在宝宝情绪好的时候教他学习新的精细动作。

★ 及时表扬。不要吝啬你的表扬，小小的鼓励可以激发宝宝学习的兴趣。

★ 科学研究证明：正处于大脑快速成长期的儿童，长期坚持做手指运动能有效地促进其大脑与手指间的信息传递，均衡左右脑的发育，有助于开发孩子大脑的潜能，对视觉、听觉、触觉、语言等功能的发展也有着极大的促进作用。

2 爱"拆卸"玩具

孩子常常会表现出一些破坏行为，如把一辆好端端的"大客车"给拆了，把发条小鸡放进水里，往"下蛋的母鸡"嘴里塞进了很多吃的东西……面对损坏的玩具、散乱的零部件，大人往往头痛不已。

但若蹲下身来耐心地询问宝宝原因，就会发现，他拆卸"大卡车"，是想让车里多坐进几个"乘客"；把小鸡放进水里，是想看看它在水里游泳的样子；给母鸡塞很多东西，目的是想让它多下蛋……

根据研究，孩子在3岁以后的幼儿园阶段开始具有探究玩具奥秘的主观意识，比如有的玩具为什么会响、有的为什么会转，只要孩子对玩具不是消极的摔打、故意的损坏，家长们就不要对孩子的拆卸行为大呼小叫，而应引导孩子在这种拆卸过程中有所收获。

孩子的思维与大人常常是有所不同的，他们拆卸、破坏玩具，其实是在体验、观察、探索，从中了解玩具内部的结构和联系，是在凭自己的理解和想象自由地选择玩的程序和方法，是在为自己的智力"充电"，是在为自己的动手能力发展做"实习"……意味着孩子对未知领域存在强烈的好奇心。正常满足孩子的好奇心，不仅可以让他们学习到书本上没有的知识，还会让孩子们从失败过程中吸取经验。

TIPS：

孩子好奇心最为强烈，通过实际动手，有利于孩子兴趣爱好的培养，以及对未来人生的规划，很多孩子就是在小时候立志"我要做个什么样的人"，而这样的思想也会激励着他前进。

孩子拆玩具，父母怎么办？

1. 不苛求孩子的组装结果，宽容对待，有利于激发孩子的学习兴趣和探究欲望。

2. 理解和支持孩子的想法，以免扼杀孩子的好奇心和求知欲。

3. 陪孩子一起拆卸，告诉孩子这些物品的原理、构造等知识。

4. 善始善终，拆卸后要重新组装好，否则孩子就真成了一个"破坏者"。

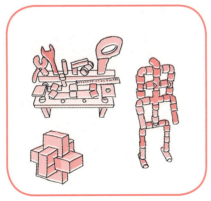

5. 为孩子选购一些可拆卸组装的玩具，如变形金刚、拼图、组装工具等。

6. 给予必要的引导，既可满足孩子好奇心，又能养成不随意乱拆玩具的习惯。

挑选玩具，大有讲究

为宝宝挑选玩具及其他教育类产品，需注意以下事项：

1. 根据幼儿年龄选择玩具

年龄	发育特点	选择标准	选择类型
0~1岁	身体发育快，对鲜艳的东西、各种声音感兴趣，小手小脚开始活动，但免疫力弱，易患感染性疾。	帮助宝宝活动四肢，感知自我和外界事物。	可以选择便于清洗消毒的磨牙玩具、软体填充玩具、拨浪鼓、挤压（发声）玩具等。
1~3岁	身体发育平稳，语言和动作能力明显提高，会自己行走，但没有安全意识和自我保护意识，易发生意外事故。	训练宝宝小手肌肉的握力，宝宝四肢的协调能力和各种器官相互配合的能力。	可以选择软皮球、充气玩具、拖拉玩具、积木、玩具车、拼图玩具、沙滩玩具等。
4~6岁	身体发育继续增长，运动量增大，手脚灵活，活泼好动，但有注意力分散、粗心及不安静等特征。	培养宝宝肢体运动的灵活性，通过玩具的玩耍锻炼其动手能力，开发智力，增强思维能力，为顺利进入学龄期打好基础。	可以选择三轮童车、智力拼图（10~20块）、游戏棋类、玩偶及服饰、拼接组装玩具、故事书、简单的电脑游戏和学习软件等。

2. 根据功能选择玩具

视觉训练	旋转八音盒、五颜六色的气球、黑白色卡等
精细动作训练	穿珠、拼插玩具、积木、木质组装玩具以及手工、粘贴画等纸类玩具等
手脑开发	金属件的、用改锥、螺丝、螺钉组装的玩具，插接电路玩具等
思维训练	六面拼图积木、七巧板、五子棋、智力拼图等
生活化训练	娃娃家玩具、厨房玩具、医院玩具等

3. 亲子互动制作玩具

开启智力，培养宝宝动手能力的最好方法，是父母带着宝宝一起做玩具。比如，用铁丝串起塑料瓶做成会滚动的小车，用纸折出会蹦的青蛙，用不同的包装盒粘贴成机器人，当用泡沫塑料做出一艘小船……

玩具不在于它是新奇华贵还是平凡简陋，而在于做玩具及玩耍的过程中流露出来的亲情。宝宝在与父母的交往中得到玩具无法给予的幸福和欢乐。

3 到处爬来爬去

俗话说："三翻六坐八会爬。"一般到了七八个月时，宝宝就进入爬行敏感期了。爬行是宝宝在婴儿期体能发育的一个重要过程。

"爬行"是复杂的运动发展过程，宝宝必须先撑起头、胸，然后腹部贴地拖曳而行，要有规律地摇动手与膝盖匍匐前进，以致最后熟练地交替使用手与膝盖来爬行。

爬行能促进宝宝粗细动作的发展。因为其是所有大动作（如翻身、坐、站、走）和精细动作（如手指拿物等）发展的基础。进行"爬行"训练的宝宝，四肢肌肉动作更加协调，活动更加灵巧，对宝宝进一步拿汤匙吃饭、拿笔涂鸦都有所助益。

爬行还能提高手眼协调能力，培养距离感。爬行必须统合感官讯息与手眼脚配合，才能了解周遭环境，才能前进。这些刺激可发展幼儿的空间概念及距离感。幼儿也借爬行知道身处何处，以及如何避开障碍物，有助于抽象概念的形成。

爬行还可以开发宝宝的智力，扩大宝宝的视野和活动范围，让宝宝尽早接触周边事物，增加大脑内神经细胞之间的联系，为今后条件反射的建立打下良好的基础。经历"爬"的宝宝将来动作会更敏捷、协调，学习积极性也会更高。

另外，据有关实验表明，爬行运动与坐着相比能量消耗要多出1倍，比躺着要多出2倍。由于能量的消耗较大，大大提高了宝宝的新陈代谢水平，所以爬行可使宝宝食欲旺盛、食量增加。因此宝宝就吃得多、睡得香，身体也长得快而结实。

不经过爬行训练的宝宝，会烦躁不安，喜欢黏人，注意力不集中，怕高怕水，身体的协调性会不好；在平地上走路他也容易摔跤、容易磕碰，平衡木也不敢走，这些都是没有经过爬行训练的宝宝表现。经过爬行训练的宝宝，他的身体协调能力就会很好，没经过爬行训练的宝宝会花费好几倍的时间才能够达到经过爬行训练宝宝的相同程度，所以爬行对宝宝非常重要。

爬行好处多多，所以爸爸妈妈要抓住时机，调动宝宝向前爬行的兴趣。

关注宝宝的爬行细节

爬行对宝宝来说，是件不会厌烦的事情，他从躺着、坐着不动的静止世界，进入到变换运动的新世界，每个宝宝都会兴奋地去探索他每爬一步所看到的不同东西。

不过，有些宝宝在爬行时，会出现用一条腿爬行来带动另一条腿的方式。之所以会出现这种情况，是因为婴儿在刚开始学习爬行时，两只脚的力量并不平衡，经常一只脚较不灵活，这种情况属于正常现象，父母无须过度担忧。然而如果这种状况维持太久而没有改进的话，就要怀疑宝宝可能有肌肉神经麻痹等异常状况，要及时送往医院医治，以免错失治疗良机。

如何正确训练宝宝爬行

宝宝在初学爬行时，只能趴着玩而不能向前爬，或者是在原地旋转及向后退，又或者是可能想爬而不能移动。此时，爸爸妈妈可以启发宝宝向前爬。例如，在宝宝的前面，摆放他喜欢的或还没有玩过的玩具，玩具的颜色应是鲜艳的，带响声的，玩具摆放的位置既让宝宝够不着，又不要太远，这样既会使他产生好奇心，又有拿到玩具的欲望。宝宝就会慢慢向前爬了。

妈妈也可以在前面拍手逗引宝宝，呼唤宝宝的名字，诱导他爬，并不停地说："宝宝，小白兔叫了（或小猴子敲鼓了），要和你做游戏了，快来一块儿玩啊！"爸爸就在身后用手推着宝宝的双脚掌，让他借助爸爸的力量向前移动身体，接触到玩具，以后逐渐减少帮助，让宝宝试着自己爬。

如果宝宝哭闹或者是特别不愿意爬的时候，就不要勉强，以免引起宝宝的厌烦心理，可以变换其他的活动方式。例如，玩圆筒，婴儿只要略使劲儿，就能使圆筒向前滚动。

婴儿都喜欢活动的玩具，如前前后后滚动着的圆筒，会使婴儿欢乐，能使婴儿产生抓握这些圆筒的欲望，促使婴儿跟着圆筒一步一步向前爬。

圆筒可用塑料果汁筒、啤酒筒、可乐瓶代替，可以在筒内分别装入黄豆、小石子、铁球等，以便使筒滚动时产生不同的声音。

训练宝宝时，要把握好时间，刚开始每次做几分钟，上午做一次，下午做一次，到了第二天、第三天次数和时间再慢慢增加，只要持之以恒地训练，宝宝肯定能学会爬行。

爬行是对婴儿的智力和体质最好的训练，随着宝宝越来越会爬行，很快就能学会行走了。

为宝宝爬行准备一个安全场所

当宝宝到了爬行的阶段，活动范围越来越大，对周围的环境经常会产生好奇心，碰到的危险地方或物品就更多了，父母必须注意以下几个容易发生意外的地方：

1. 水泥地、水磨石地、瓷砖地面等

这样的地面，对学习爬行的宝宝来说，都容易因一不小心趴倒而发生危险，家长要特别注意。

2. 尖锐的桌角或柜子角

这对学爬的宝宝来说简直就是个"雷区"，父母最好把所有的桌角或柜子角都套上护垫，就算不慎撞到，也能将伤害降到最低。

3. 电插座

宝宝在到处爬行的过程中，可能会爬到插座附近，如不小心，将有触电的危险，家里可全换上安全插座。

家长应尽量把宝宝放在远离各种危险的地方练习爬行。另外，为了让宝宝爬得好，一定要将爬行的环境准备完善。爬行的地方必须软硬适中，摩擦力不可过大或过小，可在地板上铺些塑胶软垫等，为宝宝营造一个安全舒适的爬行环境。

爬行碰到头部时的应对措施

爬行最容易发生的是头部的外伤，当宝宝撞到头部时，不管当时有无出现不舒服的情形，父母都应仔细观察宝宝，最好在宝宝睡觉时也能叫醒他2～3次，看看是否有异状。如果宝宝出现严重头痛、呕吐、昏睡、抽搐等症状就要立即送医院，特别要提醒父母在发生头部损伤的3天内，都应细心观察。

TIPS：

婴儿学爬大致上分为两个阶段：俯爬式以及狗爬式。一般而言，宝宝在8个月左右时懂得自然爬行。在学习爬行的初期，几乎都是以同手同脚的移动方式进行。在9个月大时，身体才能慢慢离开地面，采用两手前后交替的方式，开始顺利地往前爬行。

4 会站立了

从发育角度看,宝宝在经历了抬头、坐、翻身、爬行等运动发育的过程后,就能自然而然慢慢地过渡到站立了。

到了出生后 7 个月时,约有半数的宝宝能扶着小床、围栏或大人的手自己站立;一般到了 8 个月左右,部分小宝宝就已经能拉着栏杆等东西自己站立起来了;到了 9 个月末,多数小儿已经能自己站立起来了。

宝宝从仰天躺着、俯卧爬着到能站立起来,是一个飞跃。站立不仅仅是宝宝运动功能的发育,同时也能促进他的智力发展。

宝宝站立,是一个循序渐进的过程:

第一阶梯:3 个月时

当宝宝能够支撑起头以后,身为家长的一个乐趣,就是让宝宝面朝自己,把宝宝的小脚放在自己的膝盖上后举起来。在反复向上举宝宝的时候,他会意识到他的脚接触到你,也能感受到撑起自己体重的手,会十分喜欢这种竖起来的抱法。

但刚满 3 个月的宝宝骨骼还很柔软,不适合练习站立。这一阶段宝宝的正常发育应该是从头至尾、由上而下,即从眼到唇、舌、颈、腰,再到上肢、下肢;学动作则是从抬头、翻身,再到坐、爬、站、走。其中每一步都是环环相扣,不能超越的。此时的宝宝正处在头颈部的发育期,只要能做到竖起脖子、俯卧抬头就可以了。家长不能心急地训练宝宝站立。

第二阶梯:6 个月时

宝宝满 6 个月时,如果把他抱起来呈站立姿势,宝宝就会开心地做出连续蹦跳的动作,表现为弯下膝部与大腿的关节,然后再伸直。

第三阶梯:7~8 个月时

这一阶段的宝宝,能够坐得很稳了。他除了有蹦跳的动作外,更多的是舞蹈动作,即总是不停地将一个脚放在另一个脚的上面,然后再把下面的脚抽出来。而且,这一年龄阶段也是向直立过渡的时期,一旦宝宝会独坐后,他就不再愿意老老实实地坐着了,总是想站起来。

第四阶梯：9～10个月时

宝宝到了9～10个月时，他的双脚便可以撑起体重了，但还不能掌握平衡。不过，若爸爸或妈妈双手扶住宝宝的腋下，宝宝就会站起来，并做出迈步的动作。如果把宝宝放在家长的两腿之前，宝宝还能走上一两步。这时的宝宝需要家长牢牢地扶好，因为他的平衡能力还很不完善。

第五阶梯：10个月以后

宝宝进入10个月以后，在大肌肉运动方面，也进入了两个学习的关键期：一是独自站立，二是独自行走。这一时期是宝宝身体平衡能力发展的一个飞跃，同时也是宝宝身体与四肢协调发展的重要时期。

此时，宝宝能迅速爬行，对膝部、腿部的肌肉控制能力有很大的提高，会抓住周围的物体努力使自己站立起来，并且已经能够独自站立片刻，还能双手拉着妈妈或者扶着东西蹒跚挪步。还有的宝宝在这段时间里，具备了一手扶物、一手蹲下捡东西的能力。但这一时期宝宝的平衡能力仍然很差。

训练宝宝站立的 5 个步骤

训练宝宝站立，不是一蹴而就的事，需要妈妈耐心再耐心，要由易到难逐渐进行，不能刻意强求。

第一个步骤，从坐到站。

家长可以利用粗细像大人的拇指一样的木（塑料）制的圆环，来训练宝宝从坐到站的动作。家长和宝宝分别用两只手握紧圆环，先让宝宝握住环躺下，然后，拉着宝宝坐起来，稍微停顿一下，再拉着宝宝站起来。

第二个步骤，两手扶站。

刚开始时，妈妈可用双手支撑在宝宝的腋下，让其练习站立。当宝宝两手扶站较稳时，可训练宝宝一手扶站，而让其另一只手去取玩具。

第三个步骤，扶物站立。

宝宝在妈妈的扶持下，站得较稳时，就可以让他扶着小车、床、栏杆及椅背等练习站立，妈妈在旁做好保护，以防宝宝跌倒。

第四个步骤，练习独站。

等宝宝扶着物体站稳后，妈妈就可以让宝宝背和臀部靠墙，两足跟稍离墙，两下肢稍分开站稳，以降低重心，使之站得更稳些，然后慢慢放手，并拍手鼓励宝宝独站一会儿。

第五个步骤，跪立练习。

宝宝能独立站一会时，就可让宝宝坐下，再让其双腿跪起来，让他自己抓住栏杆慢慢站起来。

这样，经过多次练习，宝宝慢慢就能自己站起来，并站得很稳了。需要注意的是，刚开始时，训练宝宝每次站立的时间不宜过久，以2～3分钟为宜，以防宝宝肌肉酸痛，或受到伤害。

训练宝宝站立的原则

★ 在训练宝宝站立时，要注意掌握一个原则，那就是由易到难一点点地训练宝宝。若宝宝反感，不愿站立，就不要勉强，可让宝宝先学其他的本事。

★ 另外，爸爸妈妈一定要注意给予足够的保护，每天都要随时检查床栏等宝宝经常活动的地方，防止宝宝发生摔伤、坠床等意外事故。

让宝宝愿意站立的小窍门

训练宝宝站立时，若天气情况良好，尽量到室外去做，为宝宝营造一个良好的环境。而且，家长不能像完成任务似的默不作声地进行训练，而是要让宝宝在游戏中学会站立。可以一边说"好！站！站起来喽！"，一边高兴地和孩子做站立运动。若宝宝成功站立，也要记着及时表扬，让宝宝喜欢上这个运动。

不宜过早让宝宝学站立

宝宝一般6～7个月的时候会坐，8个月的时候会爬，9～10个月时学站，1岁左右才可以学习行走。家长应注意宝宝有站立的欲望与能否站立及站立的时间长短是有本质的区别的。

如果过早地训练宝宝站立，会迫使其脊柱、骨骼、肌肉等负重过大，有可能会影响脊柱、骨盆及四肢的形态发育，造成罗圈腿等，对宝宝的健康成长极为不利。

另外，家长还要密切注意宝宝坐、立、走的姿势，选择适宜的桌椅，这对保证宝宝脊柱和四肢的正常形态很重要。

宝宝不会站立 3 大原因

1. 过于肥胖

宝宝一旦过于肥胖，身体就会十分笨重，行动不方便，坐或起都很费劲儿，因而不太容易学会站立。不过，如果胖宝宝四肢强壮，协调力很好，也可以站得很好。

若宝宝体重大大超出标准体重，爸爸妈妈就要合理安排宝宝的饮食，逐渐控制一下宝宝的饭量，这也是为了宝宝的身体健康着想。

2. 缺少锻炼

若宝宝成天被家长放在推车里或躺在床上，得不到训练的机会，自然就很难学会站立了。家长不能因为忙，就一味限制宝宝自由活动的空间，否则会极大地影响宝宝的身体发育。

3. 物体等因素

宝宝学站立的物体如果很不牢靠，比如地板太滑溜，都有可能对宝宝学习站立产生阻碍。

为鼓励宝宝站立，还可在稍高的物体上放置宝宝心爱的玩具，诱使宝宝直起身子去拿。或者扶着宝宝让他站在你的大腿上，这对建立宝宝的信心大有益处。

5 扶着东西走路

走的敏感期大概从7个月开始出现。孩子开始拒绝坐,不断要妈妈拉着双手跳。1岁左右,大多数宝宝在学会站立之后,能自己扶着床沿、沙发迈步或是抓着成人的一只手走路了。这段时间这可能是父母最累的时候。

宝宝从躺卧发展到直立并学会迈步,是动作发育的一大进步,意味着拥有空间的能力大大增强,对于宝宝体格发育和心理发展都具有重要意义。

就如蒙台梭利所说,这个时期是孩子的第二次诞生。在孩子第一次尝试着通过自己的努力,而迈出第一步时,他的身体开始走向独立。而周围的环境也刺激着他、鼓励着他继续前进。尽管此时的孩子内在并没有目标,但是,他的走就是全部目标。慢慢的,孩子开始由一个不能自主的人,成长为一个积极主动的人,而这个发展过程,完全是由他的个人努力完成的。

这时,大人应该放弃自己的走路节奏、生活节奏去配合孩子,让孩子在敏感期内得到充分、良好的发展。

令大人哭笑不得的是,有些宝宝大约2岁左右时,他就再也不想自己走路,他会想尽一切办法让你抱着他。这是因为他已经学会了走路,对走路的热情消失了。

TIPS:

一位骨科教授指出,婴儿在8个月至1岁的学习行走阶段,根本无须穿鞋,最好是赤脚,这样可直接感觉地面的硬度、软度及斜度,如此孩子活动的灵敏度和掌握平衡的能力会更好。

当婴儿学走路时,需要感受地面,从中感受到如何让脚趾配合,这正是婴儿从感受地面的反射反应中学会的。如果穿上了厚底鞋,双脚完全与地面隔离,在没有脚踏实地的感觉下,会影响孩子学习走路。

父母若担心孩子受凉,那么应选择柔软及舒服的鞋子,如果鞋身太硬或鞋底太厚,则会影响婴儿学走路。

学走路，并不是越早越好

1岁之前，最适合宝宝的大动作是学习爬行。其原因有二：一是因为学爬行可以发展宝宝的平衡能力，防止感觉统合失调的产生；二是宝宝在这一阶段还不适合学习行走。

宝宝出生后视力发育还不完全，眼睛比较娇嫩。6个月时大约为0.1，1～1岁半时约为0.2～0.4，直到2岁还在0.3～0.8徘徊，可以说还是个标准的"近视眼"。而爬行可使宝宝自由移动到自己想看清的东西附近，不必费劲去调整眼睛来看，从而有利于宝宝视力健康正常地发育。

与此相反，若过早地让宝宝学习走路，宝宝因看不清前面较远的景物，便会努力调整眼睛的屈光度和焦距来注视景物，很容易使宝宝的眼睛感到疲劳。长期如此，便会损伤视力，影响视力的正常发育。

宝宝走路晚的 8 大原因

宝宝走路晚，有着各种各样的原因，如果爸爸妈妈能够小心谨慎地加以规避，不使努力学习走路中的宝宝受到压抑，宝宝自然而然地就会走路了。总结起来说，主要有以下几种原因会影响宝宝行走：

★ 衣物穿得过多或者过厚，会影响宝宝活动的灵活性；

★ 长时间被大人抱着，致使宝宝很少有机会在地上活动，缺少锻炼；

★ 体重过重，宝宝不方便行动，致使缺乏行动的动力；

★ 发育不良，远远低于同龄宝宝，以致肌肉骨骼无力，不足以支持站立行动；

★ 恐惧摔倒，宝宝在学习站立时，若对攀扶曾有不好的经验，就会导致畏惧不肯学习走路；

★ 宝宝过于迷恋各种手部动作和游戏，以致无形中减少了学习走路的机会；

★ 四周环境没有合适的让宝宝扶着走的物品，导致宝宝渐渐对走路失去兴趣；

★ 宝宝长期被怕麻烦的父母放置在学步车之内，以致没有练习独立行走的机会。

细心呵护，走好人生第一步

1. 尽量不要让宝宝穿袜子或鞋子。

宝宝开始学步走时，尽量不要给他穿袜子或鞋子，以免限制宝宝足部肌肉的发育，影响身体的平衡。如果实在担心宝宝脚部受凉，则可以给宝宝穿一双宽松的防滑棉布袜。

2. 不要总用牵拉的方式训练宝宝走路。

父母采取牵拉方式训练宝宝走路，虽然很方便，但若不小心就容易造成宝宝手臂关节脱臼。一旦造成手臂关节习惯性脱臼，就会严重影响宝宝的关节发育。

3. 减轻负担。

每次训练宝宝学步前，父母最好想法让他先排尿，并撤掉纸尿布，以减轻宝宝下半身的负担，轻松练习走路。

4. 不要喂食东西。

在宝宝练习走路时，妈妈千万不要强迫宝宝吃东西，或者喝水，以防发生呛咳，造成窒息。

5. 多多鼓励。

学走路对宝宝来说，是一段全新的体验，难免会有害怕、不敢尝试的情绪，因而父母要多多鼓励宝宝大胆往前迈步。当宝宝走到目的地时，要微笑着亲切地拥抱一下他，拍手鼓励他的行为，从而使宝宝对走路更有信心。

6. 宝宝踮脚尖走需重视。

父母可通过观察宝宝踮脚尖走路的频率来判断是否为异常现象，如果宝宝只是有时用踮脚尖的方式走路，而大部分是正常走路状态，则不必过于担忧。否则，就要及时带宝宝去医院诊治。

7. 练习时间不可过长。

宝宝刚开始学习走路时，父母要注意每天的练习时间不能过长，一般情况下，30分钟左右就可以了，否则就会让宝宝疲劳不堪，甚至会损伤宝宝肌肉。

8. 小心宝宝扭伤。

许多刚学习走路的宝宝最容易发生的意外就是扭伤，再加上这一年龄段的宝宝还不能准确地表达出自己的疼痛，所以就需要父母仔细观察宝宝的一举一动来得知。

9. 选择安全地带练习走路。

父母要为宝宝选择一个地面平稳、不滑，即便摔倒了也不会受伤的地方练习走路；特别要注意把有棱角、危险的东西都拿开，避免磕着。

TIPS：观察宝宝是否扭伤，有三种方式：一是父母可以通过察看宝宝走路是否出现一拐一拐的现象；二是让宝宝躺在床上踢一踢腿，看是否能踢得好；三是用手压一压宝宝腿部各部位，看看宝宝是否有不适的表现。

6 爱上下坡与爬楼梯

1～2岁阶段的宝宝行走更稳当，很少摔跤，起步、停步、转弯、蹲下、站起来、向前走甚至向后退等动作都很自如……热衷于走路，表现出对走路的无限痴迷，而且还喜欢不走寻常路，令妈妈们疑惑不已。其实，这一切都意味着宝宝行走敏感期的到来。

比如，宝宝特喜欢走坑坑洼洼的道路，而且往往哪里脏往哪里走。这是孩子在找寻地面对脚底的刺激，是他在用腿和脚来感知这个未知的奇妙世界。

宝宝乐此不疲地在楼梯上爬上爬下，对爬窗户、爬桌子、爬栏杆也有巨大的兴趣，这是其在运用身体感知空间。他们攀爬楼梯时，会先用手判断上下楼梯之间的空间距离，然后试着用脚来判断。

来回上下坡是每个孩子都有的重要敏感期，是走的敏感期的典型表现。当宝宝学会上下坡，他就真正地、完全地学会走路了。

总之，儿童发展走路能力要靠自己与环境的相互作用，如果大人不能了解宝宝行走的敏感期，不能理解他们的内在需要，或者出于某种原因不支持宝宝的行为，那他就要挣脱父母的怀抱，甚至不惜用哭闹来赢得走路的权利。

因此，成人要仔细地观察宝宝，根据宝宝的需要，适时地给予协助。让宝宝练习走路，往前走、后退、侧身走，在各种质地不同的路面上行走，以帮助儿童掌握这一重要的技能。当然，更要创造一个"无障碍"的环境。

给宝宝安全的运动环境

宝宝能走了,可能遇上的危险也更多了,父母一定要给宝宝一个安全的活动空间。首先保证居家环境的安全。家长要帮孩子清除脚下的障碍物,容易磕碰孩子的东西要移到别处,有尖锐棱角却无法移动的家具可以用东西遮挡起来。此外,父母还要让宝宝穿上防滑的鞋袜,以防跌倒。外出活动时,一定要陪护好宝宝,以防危险发生。

观察宝宝的步态很重要

绝大多数的宝宝,在1~1.5岁时已能独立行走。如果宝宝此阶段还不能站立,或行走异常,那很有可能隐藏着某种疾患。家长要随时留意自己宝宝的步态变化,以便及时发现病情,为早期诊治创造有利的条件。

若宝宝走路时脚呈八字状,那么问题可能出在腿上。X型腿的宝宝爱夹着大腿走,O型腿的宝宝走路像骑马,这样的步态一般是因为缺乏肌肉负重锻炼造成的,锻炼一段时间就能调整过来。可如果一直没有改善,就可能是由于缺钙和缺维生素等因素所致,需要治疗。

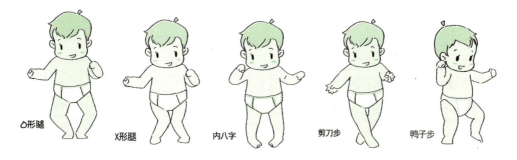

O形腿　　X形腿　　内八字　　剪刀步　　鸭子步

> **TIPS:**
> 一个一岁半的孩子可以走好几里路不会累,但小孩子在走路时不像成人那样在心里有一个目标。幼儿学习走路是为了发展自己的能力,建立起自己的存在感。他慢慢地走,既没有节奏,也没有目标,但是四周的景物都吸引着他,鼓舞着他继续向前。如果成人这时想帮助孩子,他必须放弃自己的步伐与目标。
>
> ——蒙台梭利

在游戏中练习行走

上上下下"爬台阶"

先准备几个高15厘米的小凳子,妈妈牵着宝宝的手,让宝宝抬高脚跨上一个小凳子。协助宝宝在凳子上站好后,再让宝宝迈下来。上的动作宝宝一般都会,而下的动作宝宝一般不会。妈妈要拉着宝宝的双手让其一只脚先下来,再下另一只脚。然后增加游戏难度,将几个凳子按一定距离排成一行,让宝宝一上一下走完。这一游戏可锻炼宝宝膝盖弯曲伸直的能力,增强宝宝对身体平衡的控制能力,为宝宝灵活行走打好基础。不过,一定要注意安全,避免摔伤、磕伤宝宝。

青蛙跳跳跳

让宝宝站立,背对席地而坐的大人。大人从背后托住宝宝的腋下,伴随着儿歌让宝宝蹦跳:"一只青蛙一张嘴,两只眼睛四条腿;两只青蛙两张嘴,四只眼睛八条腿,扑通一声跳下水。"唱"扑通一声"时,托起宝宝腋下举起来,让宝宝腿部自然地做弹跳动作,反复两次。此游戏可极大地锻炼宝宝腿部肌肉和膝关节的屈伸,提高宝宝平稳行走能力。

宝宝走直线

画两条直线,让宝宝在线内慢慢行走。这项游戏可从宝宝能够走路时可以开始进行训练。开始时要求不要太高,只要他能够在直线内行走就可以了。然后加上手的动作,如双手叉腰、抱头、放肩上或两手伸直。手势不要太复杂,在完成一次走线活动中手势也不需经常更换。除了可以提高宝宝行走能力外,还能极大地培养宝宝的专注力。

随着年龄的增长,可逐渐增加难度,比如让宝宝不要总低着头盯着线看,只需用眼睛的余光扫视。4~5岁时,可让宝宝端一碗水,不断增加水量,以水不泼出为原则。也可很好地训练其平衡能力。

为增强宝宝的兴趣,还可改变线的形状,比如街边的小花坛,稍高一点的小路牙,都可让宝宝沿着此线行走,但要注意安全。

眼睛看前面,不能踩在线上!

学小兔蹦蹦跳

制作小白兔头饰给宝宝戴上，妈妈用双手扶住宝宝的腋下帮助宝宝向上跳；也可以面对面拉住宝宝的双手，让宝宝自己试着跳。爸爸在一边唱："小白兔白又白，两只耳朵竖起来，爱吃萝卜和青菜，蹦蹦跳跳真可爱。" 多次训练后，用适当的力度带动宝宝一下，宝宝就会靠自己的力量跳起来。

跳的时候，可以将原地跳和行走跳相结合。宝宝和大人手拉手一起跳会很开心，而且听到大人唱好听的儿歌，宝宝会很兴奋。

此游戏可锻炼宝宝腿部力量，训练宝宝腿部屈伸动作和全身运动。

注意在拉手跳时，大人抓宝宝的力度要适度，不要太用力。大人要时刻关注宝宝的情况，如果宝宝太累就要停下休息，不要勉强。

小白兔白又白，两只耳朵竖起来，爱吃萝卜和青菜，蹦蹦跳跳真可爱。

宝宝摔跤后的注意事项

1. 不要用手揉宝宝的伤处

宝宝摔跤后，大人往往觉得揉几下就能减轻宝宝的疼痛。其实，这样做是不对的。原因有：

◆如果皮肤有破损，家长的手上带有细菌，情急之下根本想不起来清洗，很容易造成宝宝伤处感染。

◆如果是扭伤，扭伤处可能会有皮下出血，家长不明情况、不分轻重的揉搓会增加出血量，加重伤情。

◆如果是骨折，着急之下的胡搓乱揉会加重伤情，会让宝宝更加疼痛难忍，这样做则有悖初衷了。严重时，甚至还会引起骨折的断端刺到患处深部的血管和神经，产生不良后果。

2. 不要责骂"肇事物体"

宝宝摔跤后，有些家长会边安抚宝宝边拍打、责骂地面或"肇事物体"："就是你这个坏东西，让我们孩子摔倒了！" 这样做或许真能把摔疼的宝宝哄得不哭了，无疑是在告诉宝宝跌倒的过错在于"地"或者"桌椅"，而不是自己的错。

这种做法很不科学，其实是迁就孩子，久而久之，孩子遇到问题总会首先责怪客观环境，习惯推卸责任，而不去寻找自身原因。同样，这样还会造成孩子不能从失利中学习防范经验，对宝宝的成长产生不利影响。

7 方向感有了强弱之分

有的宝宝记忆力特别好,对去过的地方有一个大概的印象,当你问他时,他会给你指出一个明确的方向。但是有些宝宝记忆力却很差,即使是自己的家,若没有家长牵着,很容易就会走到别的地方。这反映了宝宝方向感的强弱。

"方向感"也称方位认知,是视觉—空间智能的一个方面,是人体对物体所处方向的感觉,如对东西南北、前后左右上下等方向的感觉。

方向感不好的人经常会迷路,或是去过的地方很快就不认得了。这些人通常对于上下、左右、里外、前后等空间方位,东、南、西、北等方向,以及远近、高低、深浅等其他视觉元素掌握度较低。

识别方向是宝宝的一种基本生活常识,清晰的方位感能够让孩子准确地认识自己和周围的事物,并帮助他们判断这些人和事之间的相互关系。

方向感好的宝宝,不容易迷路,通常比较有安全感和自我保护能力。不仅如此,方位感的训练还有助于孩子智力的发展,对于提高宝宝的想象力、创造力和数学能力有积极的作用。因而从小培养宝宝的方向感是十分重要的。

不过,"方向感"对宝宝来说是比较抽象的概念,一般情况下,3岁左右的宝宝才能准确地辨别出上、下,4岁左右的宝宝才会认识前、后,5岁左右的宝宝才会意识到左、右。

所以,在前期训练宝宝方向感时,父母不能操之过急,而应循序渐进地培养宝宝的方位感知能力。

游戏训练宝宝方向感有讲究

爱玩是宝宝的天性,一些看似浪费时间的方位训练游戏,对宝宝来说,却蕴涵着丰富的视觉空间元素,如色彩、形状、方位等。因而,家长要多陪宝宝一起游戏,如此才能有效地培养宝宝的方向感。

但是要切记,无论带领宝宝玩何种游戏,都不要拘泥于教科书上的各种技巧和条条框框的束缚,一切应以尊重宝宝的习惯和意愿为前提,让宝宝的方向感在随意快乐的玩耍氛围中得到发展。

另外,训练宝宝方向感时,要切忌一次训练过多的方位,而应循序渐进,如训练前、后方位后,再训练左、右,否则只会让宝宝无所适从。

发展宝宝方向感的注意事项

1. 使用正确的方位称呼

在日常生活中,大人总觉得孩子太小,没有什么方向感,因而说话就比较随意,常常对宝宝说些"来这边"、"去那边"、"在那里"之类的笼统语言。这样是不对的,即便是对于较小的宝宝,也要使用准确的方位名词,如"到后面"、"在左边"等。

2. 辅以手势帮助宝宝建立空间方向感

由于宝宝太小,还无法了解抽象的概念,因而大人还可以通过语言与动作的配合,协助他慢慢地建立起空间方向感。例如,爸爸(妈妈)对宝宝说:"举起你的左手,给爸爸(妈妈)看看。"同时示意宝宝举起左手。再如,外出散步时,看到小鸟飞过,爸爸妈妈可以问宝宝:"小鸟在哪里?"一边问一边引导宝宝向天上看,告诉他:"哦,小鸟在上面。"

方向感男女有别

德国研究人员发现男女在确定方向时分别使用了大脑的不同部位。女人通过大脑皮层来获得事物的表象并以此来确定方位,而男人通过海马体来获得事物的几何学定位。

通俗地说,就是女人多通过标志性的建筑辨别方向,如往左是药店,再往右是杂货店。而男人则倾向通过几何学的方法来确定方位,如博物馆应该在南面。

所以,家长可以针对宝宝性别进行方向感训练。女宝宝可以教她辨认周围的建筑形态,而男宝宝就可以教他简单的指南针地图识别。

各年龄段宝宝方向感培养要点

0～1岁宝宝

主要靠声音去寻找事物。对声音敏感的宝宝在听到突然的声响后,可以立即找到发出声音的方向。家长可以与宝宝玩躲猫猫游戏,家长藏在离宝宝不远的地方,轻轻叫唤宝宝,让宝宝循声寻找。

1～2岁宝宝

此阶段宝宝在视觉-空间智能的发展上,大部分都需要大人在语言上的帮助,借由大人的口语与动作的配合,慢慢地让他建立空间方向感。

例如,举起他的右手时,就要在口语上也同时提示右手。

也可以玩一玩诸如"汽车开动了"的游戏。准备一根长一米,宽30厘米的木板;一端架高20厘米,形成一个斜面;一辆玩具小汽车。让宝宝手拿小汽车,先从高处往下开。妈妈和宝宝一边推一边发出"嘟嘟嘟"的声音,一直开到上面,再从上面开下来。

宝贝，小熊在抽屉外面还是里面？

2～3岁宝宝

已经能清楚地分别前、后，能指出一样物品的上面和下面。日常生活中可采用整理物品这样的方式来训练其最初级的方位感。比如，让宝宝把玩具、衣物放进抽屉或柜子里。如果玩具在外面，父母可以在一旁问："'狗熊'现在在抽屉外面还是里面呢？" 然后把玩具放进抽屉后再问，这样反复几次后，父母再问"'狗熊'现在放在哪里？"问的时候，尽量不要把正确答案放在后面说，以免宝宝不假思索地跟着重复最后两个字。

另外，家长可以和宝宝一起画脸谱，告诉宝宝"眼睛在眉毛下面，鼻子在嘴巴上面"，让宝宝初步了解方位。

3～4岁宝宝

此阶段是孩子空间概念进步最快的阶段，这时的孩子已经能按指令把物品放在桌子上或者桌子下，能辨别前后左右方位了。训练宝宝左右方位感时，父母应先从认识孩子自己的身体开始。首先让孩子认识左右手、左右眼；然后让孩子交替举起左手和右手，或交替伸出左腿或右腿；最后可让孩子用左右脚交替踢球。到4岁左右，孩子的空间感和方向感逐渐成熟。他知道太阳在天上、小草在地上、鸟在空中飞、鱼在水里游、椅子坐在身体的下面。

4～5岁宝宝

能准确分辨出左右的方位概念。这一阶段，家长可以让孩子多用左右手拍拍球，或者家长与孩子面对面站着，双方同时伸出左手或右手，然后问他是左还是右，从而进一步强化宝宝对左右的概念。

此外，家长在讲故事时，可以一边讲一边画在纸上，然后让孩子指出故事中人物或事物的方位。家长还可找一些实物，来代替故事中涉及的对象，一边讲，一边比划，这样也有利于增强孩子的方位感，从而提高孩子对整体方位的判断能力。

有助于宝宝方向感提升的 10 类游戏

1. 通过儿歌认识双手律动

妈妈可以让宝宝坐在自己的腿上，然后唱儿歌："这是我的右手举高高，这是我的左手碰天空，左手、右手，拍拍拍，右手、左手，好兄弟！"并分别举起宝宝的左右手，根据儿歌内容做出相应的动作，让宝宝通过双手的摆动，来增强对方位的认知度，并练习双手的灵活度。

2. 找玩具

妈妈或爸爸先拿起宝宝最喜欢的玩具，然后当着宝宝的面把它藏起来，鼓励宝宝找出玩具，并伴以方位的描述。引导宝宝说："玩具躲到哪里去了？躲在桌子上面吗？""躲在桌子下面吗？""宝宝向前（向后）找一找？""我们到左边（右边）找一找？"妈妈或爸爸一边说，一边握着宝宝的手指着相关的方位。这一游戏，有助于加深宝宝对方位的理解，建立里外、上下、左右、前后等抽象概念。

3. 捉迷藏

大人在不同的地方叫宝宝的名字，让宝宝找找看你在哪里。大人在和宝宝捉迷藏的过程中，宝宝必须准确判断出大人声音的位置、距离、远近，才能顺利找到大人，因而这一游戏可以有效地训练宝宝听音辨位的能力和方向感。

4. 多玩积木等搭建、拼凑玩具

让宝宝随意去搭建积木，初步掌握上下左右的概念；或者拼七巧板，使他熟悉七巧板不同的形状和边长，建立初步的空间大小概念。其他诸如接插玩具、卡通拼图、组合模型之类的玩具，也都是很好的训练宝宝空间方向感的选择。

5. 玩球

妈妈或爸爸准备一两个小皮球，和宝宝一起玩，引导宝宝向上扔球，或向前抛球，向左右踢球、滚球等，也可以指定一个位置，让宝宝把球放过去。每日训练1~2次，可以让宝宝在轻松的玩耍中体验方向感。

6. 把玩具放回原处

每天游戏结束后，爸爸妈妈要引导宝宝把玩具放到固定的位置。比如，爸爸妈妈要用正确的语言告诉宝宝："会游泳的小鸭子、大白鹅要放到小游泳池里面。""小的玩具可以放到大的、平的玩具上面。"爸爸妈妈只有给宝宝作出规范的、细致的描述，宝宝才能正确地学会这些方位词汇。

7. 一起去散步

在小区散步时，最好固定一个路线，然后沿着路线走时，随时提醒宝宝说："我们该左转弯了！""现在我们正往右转弯！"或是走到明显的标志性地段时，就告诉宝宝："前面就是××了！"久而久之，宝宝就会树立起初步的方向感。

8. 自己穿衣服

孩子穿衣服时，问孩子，哪只是左手，伸出来穿衣服；或者哪只是右腿，伸出来穿裤子。这样来回几次，孩子基本能分左右了。

9. 坐车车

爸爸或妈妈可以在客厅等相对空旷的地方摆放四张椅子，在第一把椅面上放一本精装书，当做方向盘。然后爸爸或妈妈搂着宝宝，拿起宝宝的双手作势握着方向盘，唱儿歌："安全带，拉起来，坐车车，去爬山，向左弯，向右弯。"随着儿歌内容分别向左或向右倾斜，当唱到"紧急刹车——向前弯"时，带动宝宝向前倾斜一下，做个刹车状。这一游戏还能训练他的逻辑推理能力，促进其手眼协调发展。

10. 我是一个兵

告诉宝宝他获得资格，是一个解放军了，现在要进行军训，宝宝一定很乐意进行这个游戏。让宝宝站立，然后教给他左右转、向后转以及前进后退的方法，让宝宝听口令做动作。如妈妈叫"向后转"，让宝宝立即向后转。做对了，奖励一个小五角星，做错了，让宝宝重新来做，增加宝宝做游戏的积极性。

喜欢把东西扔得到处都是

小宝宝一天天长大，身为父母心中充满喜悦。可是忽然有一天，发现小宝贝变得调皮起来，把桌子上的东西推到地上，抓起东西来就往地上扔，扔完了得意地冲你笑……怎么阻止都阻止不了。

这到底是为什么？是孩子调皮不听话了吗？其实，这说明宝宝已经进入了空间关系的敏感期。

一般到了6～8个月，孩子就开始有扔东西的行为了，而到了10个月，凡是能够抓到的东西，都会被宝宝有意识地扔出去。到了2～3岁，对宝宝来说，扔东西又变成了一种充满乐趣的游戏。

科学家们对孩子们的成长过程研究发现，几乎所有的孩子都会经历这个过程。婴儿刚出生时，以为世界和自己是一体的，他动的时候会以为世界也在动。随着一天天长大，他会慢慢地发现周围物体和他是相互独立的，但是他还是分不清到底是他在动还是世界在动。于是他开始用扔东西这种方式来探索世界。

宝宝通过抛撒、移动物体，或者把里面的东西取出来，把外面的东西塞进去来探索空间，感知他和物品、空间之间的关系，这是幼儿认知空间的最初过程，也是孩子心智发展的一个阶段行为。

空间感可以帮助孩子准确地感觉视觉空间中各种事物形态体现出的均衡、比例、对称、节奏，如果孩子在空间秩序敏感期没有得到很好的关注，就会感到烦躁不安，对身心健康不利。同时，没有空间感的孩子出门特别容易迷路。

因而，虽然每天重复弯腰捡东西很累，可是你必须给宝宝"扔"的自由，这是宝宝发育过程中的必经阶段。所以此时不要阻止孩子，而应为他准备各式大小不同材料的玩具，让他尽情地摔打。通常过了婴儿期，宝宝的兴趣渐渐转移到其他事物上，扔东西的行为就会慢慢消失。

有些超过4岁的宝宝却常常在发脾气时故意扔东西，这不属于正常的生理现象，而是不良的行为习惯。家长需要适当纠正。

积极应对宝宝空间感发展的有效方法

1. 训练宝宝方向感

爸爸妈妈可以多创造一些机会去帮助宝宝进行空间智能的锻炼,比如户外公园、游戏场或街道,都是训练方向感的好场所。走进公园岔路时,让孩子决定往前、向左或向右走;溜滑梯时,告诉孩子走到后面、爬上去、溜下来等。这些简单易行的方法,宝宝也会很喜欢的。

2. 适当做些家务

宝宝能参与家事时,爸爸妈妈要多给他机会,让他去放置、收拾,比如:请他把拖鞋放在"鞋架上",把玩具放在"箱子里"。再大一点时,可以请他摆放碗筷在"桌上",汤匙放在"旁边",吃完饭把碗盘"放在洗碗池里"。这样的练习,不但能帮助宝宝建立空间感,还能锻炼他独立自主的能力。

3. 提供一些有助开发空间智能的玩具

家长可以多为宝宝提供一些皮球、珠子、沙包、飞盘等可以扔的玩具,或者积木、塑料瓶、盒子等可以垒高的材料,来帮助宝宝完成空间探索,让孩子在扔、接和垒高中发展空间智能。

4. 不过度限制宝宝行动

家长不要过于限制他们的活动,比如不许趴在桌子上、不许爬楼梯、不许从台阶上往下跳等。爸爸妈妈要做的是给宝宝爱和自由,在安全范围内尽量让他自己去探索。

5. 共同探索空间奥秘

爸爸妈妈可以和宝宝玩一些有趣的关于空间探索的游戏,比如准备一个百宝箱,就是在空盒子里摆满各种物品,掏一个洞,让宝宝伸手去抓取物品, 这种触摸和抓取的过程就是在体验和感知空间;还可以用很多纸箱建一个山洞,让宝宝去钻;还可以在家里放一个物品,让宝宝根据父母发出的指示去寻找东西。这些都有助于培养宝宝的空间智能。

在家 DIY，玩出宝宝空间感

1. 躲在床单下

为宝宝创造一个新环境，让他在适应的过程中，逐渐培养出空间感。家长可以把干净的床单铺开，爸爸妈妈和宝宝一起钻到床单下面，爸妈用手顶住床单，和宝宝一起在床单下感受黑暗、空间受限制的感觉。

2. 翻山越岭

在家里找一个相对宽敞的地方，放上一些枕头、抱枕、绒布玩具，让宝宝尝试用各种方法翻越过去。爸爸妈妈可以和宝宝一起设计一些故事情节，既发挥了想象力，又锻炼了空间感。这一游戏可以训练宝宝对空间障碍的观察和反应能力，加强他们解决空间问题的能力。

3. 打滚

准备好一块大垫子，让宝宝躺在垫子的一边，然后开始侧翻。如果宝宝适应了，就可以让他做连续翻滚，一直到垫子的另一边。这个游戏让宝宝在了解和把握垫子空间的同时，也训练了立体感，并且还加强了宝宝的动作能力。

4. 过山洞

用纸箱、木架或者大人身体等搭建一个山洞，让宝宝钻来钻去。这不仅可以增强宝宝的空间感，锻炼宝宝的身体活动能力，还可以提高宝宝的思考能力。

宝宝空间感发展期的注意事项

1. 尽可能满足宝宝"扔"的愿望

可以给宝宝不易损坏的玩具，比如毛绒玩具、橡胶玩具、塑料玩具、积木、皮球等，让宝宝尽情地扔。

2. 不要马上捡回扔出的玩具

如果当宝宝扔出一个玩具后，你就马上收拾，那宝宝就以为这是两个人玩的游戏，就会扔得更加起劲。

3. 告诉宝宝哪些东西不能扔

易碎、危险的东西应放到宝宝拿不到的地方，并严厉告诉宝宝这些东西不能扔。吃的东西也不能让宝宝扔，从小培养他珍惜粮食的习惯。

4. 把扔东西变成有趣的亲子游戏

家长可以准备一个纸箱子、报纸团或小皮球等一些不易损坏的玩具，和孩子比赛，往箱子中投掷，看谁投得更准。

孩子的投掷行为有了"发泄口"，就不会再乱扔东西了。这还可以锻炼宝宝的运动知觉和空间知觉，增进亲子关系。

9 摇摇摆摆找平衡

2～3岁时，细心的妈妈会发现宝宝特别喜欢走直线、马路牙子、矮围墙、树桩等，还特别喜欢提着或背着重物走路……别小看了这些动作，其实，宝宝借助这些动作，可以控制身体平衡的能力与自身进行良好的结合。

平衡感是大脑、神经系统、身体和地心引力间的一种协调能力，平衡感发展了，宝宝才可以平躺、翻身、坐、爬、站立，进而才能灵活的操作大小肌肉。

平衡感不佳的宝宝，站立不稳，容易跌倒、拿不住东西、走路撞墙、眼睛不能盯住目标，甚至还会影响到语言能力的发展及左脑的组织、逻辑能力等。由此可见，平衡感是一切行动的基础。

TIPS：

平衡感不仅是身体上的感觉，也是心理上的感觉。只有当人内心感到平衡的时候，才会真正感觉舒适。平衡练习对于锻炼勇气和训练对危险的估计能力很有帮助，这样孩子就可以对自己的能力和目标进行合理的比较和判断。孩子如果经常获得积极的经验——判断正确，就会使他信任自己的感觉，而且对自己也更加自信，这样就会减少不当的行为，并且自我感觉良好。

12 个亲子游戏，练出宝宝良好平衡力

1. 踩石头过河

踩着石头过河，需要小心翼翼地保持身体平衡，因而是锻炼孩子身体平衡协调能力的好办法，也可以增强孩子跨步的肌力。

2. 追逐肥皂泡

孩子在奔跑着追逐、抓、挠肥皂泡时，体验到无穷的乐趣，可以极大地锻炼孩子协调力、平衡以及反应力。

3. 走直线

在房间的地上放一条带子，让孩子沿着带子走，这能极大地锻炼孩子的平衡协调能力。其实走直线这个游戏并不完全限定在家里，平日走路时可以拉着孩子的手，让孩子沿着人行道的一条直线走，还可以在公园里用粉笔画一条直线让孩子沿着直线走。在外面玩这个游戏的时候一定要注意安全，不能因为专心玩游戏而发生危险。

4. 跳跳舞

大多数家庭到了晚上既要准备晚餐，还要应付一个缠人的宝宝。这个时候不妨安排孩子跳个舞吧，既可以让孩子发泄精力，又可以让他们开心，还可以锻炼身体。放孩子喜欢的音乐，让他随心所欲地跳，不要在乎他是不是穿鞋子，是不是跳到床上、沙发上，或者在地板上打滚，只要孩子高兴就随他去。

5. 双足交替下楼梯

让孩子随同大人上下楼梯，初时身体平衡能力不足，要双足在一级台阶立稳再往下迈步。在练习多次之后，身体平衡能力进步，可以自己扶栏一足踏一阶交替下楼梯，这可以增强孩子身体平衡协调能力。不过，大人要在楼梯下方保护，以防万一。

6. 顶沙包

让宝宝顶着沙包，沿直线走，慢慢再过渡到脚跟挨着脚尖走。宝宝和成人比赛，看谁走得快，并且让沙包不从头上掉下来。家长要指导宝宝顶沙包的技巧，让宝宝顶上沙包后，眼睛平视前方，不要把头仰得太高。更要给宝宝胜利的机会，以增加宝宝的自信心。

7. 拍气球

把气球往上顶不让它掉下来的过程中，要求孩子有快速反应能力，并且能完成复合动作，因而能极大地锻炼孩子的平衡力和四肢协调能力。

8. 小小体操运动员

将一块光滑，宽约 25 厘米、长 1.5～2 米的木板一头用小凳子垫高 8～12 厘米，把它作成有坡度的"小桥"。爸爸或妈妈在木板上从下往上走到木板上部，再从上往下慢慢走下来，给宝宝做示范。爸爸或妈妈牵着宝宝的手，让宝宝走上"小桥"，并一边讲解哪边是高，哪边是低。

这一游戏可以锻炼宝宝的腿部力量，锻炼宝宝的平衡能力，培养宝宝勇敢的精神。

9. 金鸡独立

宝宝单腿站立,双臂向身体左右两侧水平伸展,坚持 1 分钟后换另一个腿,重复上述动作 3 次。这个动作能锻炼孩子的平衡能力,熟悉单腿站立的感觉,为单脚跳跃打下基础。

10. 单脚向上跳跃

宝宝单腿站立,两手握拳随意放于身体两侧,然后单腿往上原地跳跃 5 次,换腿再跳跃 5 次。重复 3 次以上。为了增加趣味性,可以在孩子上方系上各种颜色的气球,让其跳起来撞击气球。此项练习能有效地增强宝宝腿部肌肉力量。

11. 单腿向前跳跃

宝宝单腿向前跳跃 10 米,换腿,再跳回至原点。可以在周末时把宝宝带到公园里,组织邻居孩子们一起进行单腿跳跃比赛,也可设计为一家三口的亲子比赛,这能最大限度地激励宝宝的运动兴趣和欲望,提高宝宝的跳跃能力,让宝宝融入群体活动中。

12. 不倒翁

妈妈坐在垫子上,两腿分开,两脚相对,双手握住双脚的脚踝;孩子坐在妈妈的腿中间,胳膊自然放在妈妈腿的两侧。 妈妈边唱儿歌:"不倒翁,翁不倒。怀里抱着小宝宝。左歪歪,右倒倒。摇来摇去摇不倒。"

一边配合儿歌做动作:第一、二句的时候,妈妈边唱儿歌边随儿歌节奏左右摇摆;唱第三句儿歌时,妈妈随儿歌先左摇,再右摇;唱第四句时,把孩子身体翻转 90°后坐起。

帮助宝宝提升平衡力的小窍门

从小注重对宝宝平衡能力的锻炼,有助于宝宝对各种感觉信息的有效接受,从而使宝宝的注意力更集中;有助于垂直感的建立,为空间知觉的发展打下坚实基础;对宝宝运动能力和心理发育也有帮助。下面介绍几个在日常照料宝宝过程中就可以运用的小诀窍,来帮助宝宝从小拥有良好的平衡感。

1. 摇摇椅

妈妈坐在垫子上,屈膝,让宝宝坐跨在你的腹部,后背依靠在妈妈大腿上,同时用手握住宝宝腋下。妈妈向后翻滚,再坐起。这可帮宝宝增强空间意识(深度认知)及身体平衡性。

2. 滑翔机

妈妈以跪立或站立姿势,用惯用手手臂从两腿中间穿过小朋友胯下,手掌向上托住小朋友胸腹部,另一只手拖住小朋友颈部帮助其抬头。前后、左右摇晃小朋友。这可增强宝宝空间意识(深度认知)及内耳平衡系统。

3. 膝上平衡

妈妈双腿并拢坐好,宝宝坐在妈妈双膝上,面向妈妈。妈妈帮助小朋友伸开双臂,帮助其保持平衡。妈妈进行双膝屈伸动作,重复上述动作多次,过程中始终与宝宝保持对视。这可锻炼小朋友身体的平衡性和稳定性。

4. 瑜伽球

让宝宝趴在瑜伽球上，妈妈双手扶住宝宝胯部或大腿外侧，前后、左右摇摆瑜伽球。如果宝宝较快适应，可加大摇摆幅度或尝试让宝宝躺在瑜伽球上，重复上述动作。当宝宝害怕或不适应摇摆时，可在前方放上他喜欢的玩具或同爸爸保持对视，建立安全感。

5. 蜷起身子

让宝宝仰卧，握住宝宝的双腿；将宝宝蜷成球状，使其臀部离地朝天；慢慢将宝宝的臀部及腿转向身体的一侧；向另一侧重复步骤。这可使宝宝身体放松，肌肉张力降低。

6. 走平衡木

这是一个关于平衡感的综合训练。它在训练大脑控制身体的平衡方面很有效。

7. 荡秋千

当孩子荡秋千的时候，随着速度的加快，大脑不仅需要能对腿、身体的一起一伏、位置变化进行调整之外，还会有方向感，知道自己在哪里、地面在哪里、哪里是高处。

8. 抚摸

抚摸可以充分刺激孩子身体表皮的神经末梢，让其变得敏感而判断准确。

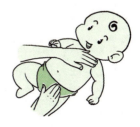

10 垒高、推倒，再垒高、再推倒

继"把东西扔得到处都是"之后，宝宝对"垒高"这种探索有了浓厚的兴趣。多数孩子在1岁左右就能把积木垒得高高的，然后"潇洒"地把辛勤的劳动成果一下子推倒。到了3岁左右，垒高更成了孩子非常喜爱的一种游戏，不仅仅是积木，有时家里的任何东西都会被他们搬到一起，不厌其烦地垒起来，然后推倒、垒高、推倒……

事实上，这是孩子在动作敏感期的一种表现，是其感知空间的一种过程，是孩子最典型的感知空间的一种能力，经过这样不断重复，孩子可以顺利地建立起三维空间感。

在这个时期，妈妈可以借这个机会让孩子了解更多的空间概念，我们也知道，孩子对空间概念的理解往往是在游戏中获得的，因此，作为家长要学会支持孩子的垒高游戏，不要因为自己觉得这样重复是无趣而乏味的，就阻止孩子垒高。

当然，在垒高的行为过程中，家人也要注意孩子使用的物品是否安全。比如，家人事先要将玻璃、陶瓷、金属等易碎的物品收起来，避免孩子拿去玩垒高。也要尽可能多抽些时间和孩子一起玩垒高游戏，这样不但孩子会玩得更加高兴，也更能增进亲子感情。

从高处往下跳，这个过程除了儿童在感受空间的大小外，他还在用他的皮肤、他的肌肉、他身体的所有东西来感知这个空间有多大、多高、多远。儿童发现自己从这个高度往下跳的时候，心理已经能够承受了，就会跳下去。儿童通过经验发现对这一空间高度得到把握，能够再一次承受，就会探索更高的空间。所以对空间的把握，完全取决于一个人在心理上能够承受多大的一个空间的状态，这决定了儿童未来对这个世界的探索能力，为未来发展埋下了非常重要的基础。

建立三维空间感的 10 个游戏

1. 弹力球：探索空间感不同变化

弹力球是幼儿探索空间的好东西。当孩子发现弹力球每次的运动轨迹都不一样，并且遇到障碍物时会被弹回来的速度也不一样时，他就会一遍遍地反复扔，直到他能判断出球的回弹方向，这可是很大的进步。

2. 折纸：加深对空间的理解

折纸可培养宝宝手眼协调能力及空间感。给宝宝一张纸，让他折出各种形状，出现不同的形状、不同的样式。一张平面、单调的纸变成一个立体、生动的图形，在这神奇的转变中，宝宝们也加深了对空间的理解。

3. 玩拼图：寻找空间内部关系

在拼图时，宝宝们必须找出各个图片之间的联系，有时候还需要与头脑中的实物形象作对比，这不仅培养宝宝的空间感，而且提升了宝宝逻辑推理和视觉判断的能力。

4. 走迷宫：探索空间方向

宝宝在走迷宫时，需要从一个点走到另一个点，有时还需要穿越不同的障碍找到合适的出口，找出图画中隐藏的图案，找出图画中不同的形状……这都有助于培养宝宝的空间感。

5. 垒积木：创造三维空间

积木可以帮助宝宝认识三角形、圆形、方形等空间基本元素，同时还帮助他们熟悉和创造出三维空间，让宝宝真真切切地感受到空间的存在。在游戏中，宝宝的空间感知能力也会在不知不觉中得到提高。

6. 树叶漂移：了解高低远近

经常带孩子去户外或公园，让他多观察一些自然界的事物。当他看到树叶飘落，或者顺着小溪漂走时，树叶不就变成了从高到低、从近到远这种空间关系最生动的教具吗？

7. 垒高靠垫：发现空间顺序

孩子一起垒沙发垫子、靠垫、枕头、被子，什么都行，垒得不能再高了，再推到一遍遍地重来，在这种玩耍中，孩子能慢慢发现空间顺序。

8. 跳蹦蹦床：体验空间内不同高度之间的距离

在空间敏感期，当孩子的兴趣转移到从高处向下跳时，他们热衷于用这种方式，通过自己的身体来体验空间内不同高度之间的距离。带孩子玩蹦蹦床就是一个不错的方法。

9."蜗居"：认识不同空间

孩子喜欢坐在格子里，爬到桌子下，甚至坐进小狗窝，这是空间敏感期的孩子对于小空间的探索欲望造成的。父母可以给孩子提供一个纸箱、小帐篷、衣柜，任由其在里面玩耍、睡觉。宝宝爬来爬去的同时，会慢慢理解什么是"里""外""进""出"，从而加深对于不同大小空间的认识与体验。

10. 接触音乐：打造广阔空间感

音乐其实是有空间感的，不仅可以塑造空间的情绪，也改变着空间的尺度体量。音色变化丰富，高低音节奏明快，层次鲜明突出，空间感觉强烈，所以让宝宝弹奏乐器，比如弹钢琴、玩小木琴、用小锤敲出节奏等，或者听音乐，可以帮助他们建立良好的空间感。

Part 5
形象思维敏感期，放飞孩子的智慧

　　3岁以后的孩子，生活范围扩大了，接触的自然和社会的事物更广泛，知识经验逐渐丰富，对这个世界的好奇心也更强了，各方面的种种进步促进了宝宝思维的快速发展。于是更高一级的思维——形象思维诞生了。形象思维，可以开启孩子的智慧大门。家长要利用一切可利用的机会来拓宽宝宝的认识范围，见多识广对宝宝形象思维能力的发展大有好处。

形象思维发展特征

年龄	形象思维发展阶段	形象思维发展特征及做法
2~3岁	萌芽阶段	喜欢接触颜色鲜艳、声音动听的事物。 家长要注意以刺激他们的感官能力,促进其形象思维能力发展。
3~5岁	基本成形阶段	已经可以描绘故事中的人物和场景。 家长要给宝宝复述的机会,也可以引导宝宝做一些形象性的游戏,帮助他们形成角色、行动和规划的基本形象思维能力。
4~6岁	体现明显阶段	喜欢听故事、看动画片,因为他们头脑中的形象都很具体并且有个性特征。 家长要让宝宝多接触图片文字或者棋类游戏,让他们在进行简单的形象思维的基础上逐渐发展逻辑思维。

1 对光线情有独钟

一个名叫托蒂的意大利小男孩有一只十分奇怪的眼睛。说"十分奇怪"是因为眼科大夫多次会诊得出的结论都相同：从生理上看，这是一只完全正常的眼睛，但它却是失明的。

原来，当小托蒂呱呱坠地时，这只眼睛因轻度感染被绷带缠了两个星期。由于长时间无法通过这只眼睛接受任何外界信息，原先该为这只眼工作的大脑神经组织也随之"消退"了。错过了眼睛受光的敏感期，即视觉敏感期。

在人出生后的一段时间内，良好的视环境及正常的视觉刺激对双眼视觉的发育极为关键，称为"视觉发育的敏感期"。那么，这个敏感期有多长时间呢？各种检测及临床观察证明，从出生后几个月开始，一直到8岁左右是人类视觉发育的敏感期。年龄越小，视觉发育越敏感，可塑性也越大，因此最重要的时期是1～3岁这个阶段。

心理学研究表明：物体的运动、黑白对比的呈现、强弱节奏和高低不同的声音，最容易吸引和维持婴儿的注意。儿童最早的视觉发展就是通过看明暗交错的光影完成的。这是宝宝视觉发展的第一步。

随着年龄的增长，孩子可以慢慢地看清楚物体，原来模模糊糊的物体开始清晰了。这个时候，他们可以认出自己的妈妈和身边照顾他的人，并且开始对周围的人有所选择，如能够寻找自己熟悉的面孔，看到妈妈就很高兴。随后，孩子的视线范围逐渐变大，能够看到的东西越来越多。他们越来越主动地使用自己的眼睛，总是盯住一个物体看很久。

孩子的这种注意力是天然的，而这种注意力恰好是儿童认知发展的基础，因为他一旦发现了物体的差异性，注意力也就会转移到新的刺激物上。在发展过程中，我们会发现这个敏感期和生理本能的发展有着密切的关系。而人类心理感受的基础，正是由本能感觉逐渐发展起来的，我们的眼睛，就在未来的生活中充当了重要的角色。

在视觉发展过程中，我们一定要给孩子提供看的环境，不要忽视孩子的这个关键期，因为看就是学习，看就是认知。

0～3岁宝宝视力发育特征

年龄	视力发育特征
1个月	宝宝满月后，就已经具备了注视物品与人物的能力，但视线持续不了多长时间。这一阶段，宝宝的眼球协调性还很差。
2～3个月	宝宝的视线会追随着面前的物体看个不停，但视野只有45°左右，而且只能追视水平方向和眼前18～38厘米的人或物，所以宝宝的眼睛有时候会表现出"斜视"现象。
4～6个月	随着宝宝眼睛视网膜的不断发育，能由近看远，再由远看近，开始建立立体感。此时，宝宝的视力为0.01～0.1，视野已经达到180°，可伸手去捕捉眼睛看到的东西，感觉到"自己"的存在。视觉可以平稳地"跟随"运动的物体或人，并能将视线较长时间地固定在自己感兴趣的物体上。
7～8个月	这一阶段的宝宝两眼可以对准焦点，并会调整自己的身体姿势，以便能够看清楚想看的东西。另外，对于眼前突然消失的东西，会作出寻找的反应，并且能够灵活地用视线来追随眼前的物体，眼、手的协调性也大大增强。此时，宝宝的视力保持在0.1～0.2。
9～11个月	到了这一阶段，宝宝就已经能够用眼睛辨识亲近的人了。这一时期宝宝会积极主动地运用视觉、听觉，尤其是触觉等全身的感觉器官去认识和观察世界。
1岁	这时，宝宝的视力约为0.2，特别喜欢凭借眼睛导引手部活动，手眼的协调能力也因此大大提高，他们喜欢接触新事物，辨识能力大幅度提高。 需要家长警惕的是，如果宝宝学习走路的时间明显延迟，或走路容易跌倒、被东西绊倒，就很有可能是视力出现问题了，要尽早带宝宝去医院做详细的检查。
2岁	在这一阶段，宝宝的视力为0.4～0.6，已经可以判断事物的远近，视线能够跟上快速移动的东西，并看得很清楚。
3岁	这时，绝大多数宝宝的视力可达0.8。此时，宝宝的视觉更为敏锐，喜欢观察外部环境，看到什么就想去碰摸把玩，手眼协调性更加灵活，其立体视觉的建立接近完成。

视觉训练需注意的 4 个要点

1. 光线强度

宝宝的视觉不能接受强光的刺激，但也不能处在昏暗之中。

2. 观察距离

宝宝最佳的观察距离在25厘米左右，所以在对宝宝的视觉进行训练的时候也要在这个最佳距离内才更有效果。

3. 观察对象

在图片的选择上，不是传统意义上的彩色图片而是黑白图。对比强烈的黑白靶心图或棋盘图更适合宝宝视觉通路的建立。

4. 观察时间

宝宝眼睛很容易疲劳，一般每次视听训练不要超过10分钟，以免用眼过度。

智力开发从视觉刺激开始

中国优生优育协会少儿教育工作委员会副主任杨健教授指出,"视觉启智"是较易做到的一种启智方法,家长在宝宝6岁前培养都能有一定效果。视觉是婴儿萌发最迟的一项感觉,又是一旦萌发后,发展最迅猛的一项。因此,要想宝宝智能开发好,首先要给予视觉刺激,尤其是颜色视觉,它在人的心理发展中有重要作用。他指出,不同阶段的孩子处于不同的视觉时期,只要科学地利用此时生理特点对其视觉进行刺激,对宝宝都能有启智作用。

0~6个月:黑白期

新生儿只能看到光和影,以及妈妈的脸。3个月大时已具有三色视觉,但最感兴趣的还是对比强烈的黑白两色,所以可在距离宝宝20~38厘米处放些黑白相间的玩具或图案。

6~12个月:色彩期

这一时期是宝宝辨别物体物象细微差别能力的发展关键期,此时他们需要的是颜色对比鲜明的图像、玩具,或者新鲜的水果、蔬菜等天然食材。

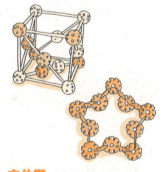

1~3岁:立体期

孩子能直立行走了,开始对远近、前后、左右等立体空间有了更多认识,这时家长可以给孩子准备一些积木球珠、雪花片拼插积木、管道搭建等三维空间玩具,引导宝宝视觉从二维向三维转化,激发想象力。

3~6岁:空间期

通过视觉,孩子能判断出物体大小、上下、内外、前后、远近等空间概念。这个时候,家长应利用游戏发展孩子的空间视觉能力,如走迷宫、识别各种标志、各国国旗等;同时,让孩子使用油画棒、毛笔、橡皮泥等进行绘画训练,是将视觉启智和美育教育相结合的一种方式。

训练宝宝视力要选对玩具

1. 根据宝宝视听喜好选择玩具

根据神经学研究的新发现，宝宝的视神经对黑白有反应。随着生长发育，他们会喜欢看红颜色，容易注视图形复杂的区域、曲线以及同心圆式的图案。宝宝不仅爱听声音，而且对声音频率很敏感，喜欢听和谐的音乐，并表示愉快。

宝宝出生一个月内，他的视线短、观察范围小，可以选择一些外形优美、色彩对比度强或可以发出悦耳声音的玩具，以便能引起孩子的兴趣和注意，促进宝宝视、听觉的发育。

2. 训练宝宝视力的玩具

在婴儿的床头悬挂一些色彩鲜艳的充气玩具，如造型优美的小鸭子、小猫、企鹅、小兔及彩色气球，或者小铃铛等装饰小挂件，可以给孩子看印有黑白脸谱、黑白条纹及同心圆图形的硬纸卡片；最好是动一动这些玩具，让孩子追视，来增强婴儿的视力。

不过，给宝宝追视玩具的时间不宜过长，1～2分钟即可，宝宝眼睛与追视玩具之间的距离应保持在15～20厘米，否则都有可能引起宝宝的视觉疲劳。新生儿的视距在3米以内，故悬挂物不能太远，最好每隔几天轮流更换一次。

● 促进宝宝视力发育的6种方法

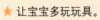

- ★ 让宝宝多玩玩具。
- ★ 用眼不要过度。
- ★ 让宝宝远离强光。
- ★ 关灯睡觉。
- ★ 定期做视力检测。
- ★ 多吃些胡萝卜、动物肝脏等护眼食物。

危害宝宝眼睛的8种错误做法

- ★ 对宝宝用闪光灯。
- ★ 外出时遮盖住宝宝眼睛。
- ★ 担心宝宝害怕，晚上开灯睡觉。
- ★ 正面晒太阳。
- ★ 过早让宝宝看电视。
- ★ 洗澡开浴霸。
- ★ 过度看书。
- ★ 过早给宝宝佩戴眼镜。

发展宝宝视力的 4 个小游戏（1 岁以下）

看看能不能接住它

抱着宝宝坐或妈妈宝宝席地而坐，妈妈把小丝巾或者手绢、气球等轻飘飘的东西抛向高处，母子的目光随着这些东西的上升而将视线"提升"、随着它们的向下飘落而下降，当它们快要落到跟前时，让宝宝伸手或张开双臂去接。而后，再扔出去，重复刚才的动作。这一游戏通过仔细观察物体飘落，训练宝宝眼睛追随物体的能力和注意力。

灯好亮啊

几乎所有的宝宝都对灯光有兴趣，妈妈可以利用灯光来和宝宝玩点小游戏。首先灯光不要太刺眼，打开灯后，妈妈要笑着逗下宝宝，用表情提醒她灯要关喽，然后将灯关掉。这样交错的开、关，在有趣的游戏里开开心心地刺激了宝宝的视力发展。

照镜子

在镜子里看到自己的样子，对于宝宝来说很神奇，妈妈可以经常和宝宝玩照镜子的游戏。在宝宝视力范围内挂一个镜子，或买"摔不碎"的镜子，和宝宝一起照一下就拿开、然后再照一下，如此反复，和宝宝在快乐中增强对视觉发育的刺激。

可爱的小汽车

准备一个小汽车、一个红色的小球、会跑的斑点狗玩具等，宝宝趴在垫子上，让玩具在他面前不停移动，宝宝的眼睛会牢牢盯着玩具，努力做出抓握状。如果是带音乐的玩具，音乐要柔和，以免惊吓宝宝。

宝宝不认识颜色是不是色盲

妈妈	爸爸	宝宝（女）	宝宝（男）
色盲	正常	基因携带者	色盲
正常	色盲	基因携带者	正常
色盲	色盲	色盲	色盲
基因携带者	色盲	1/2 色盲 1/2 携带者	1/2 色盲 1/2 正常

要知道宝宝是不是色盲，可以先根据上表做一个初步的判断，假如你仍然无法确定宝宝是携带者还是色盲，那么就去医院做个检查。

色弱同色盲一样也会遗传，遗传规律与色盲相同，患有色弱的人对颜色的分辨能力比较低下。宝宝是不是色弱，去医院检查一下便知，不过年纪太小的宝宝测试的结果准确度可能不高。

每个宝宝认识颜色的早晚是不一样的，有的宝宝很小就认得多种颜色，而有的则要等到两岁多后才认得主要的几种颜色，只要宝宝的视力正常便无需担心。

要训练宝宝对颜色的敏感度，可以平时多给他讲讲颜色，比如买水果时教他辨认不同水果的颜色；再比如和宝宝一起玩玩具时，告诉他你要哪种颜色的，让他找出来。开始他会拿错，很正常，拿对了就表扬他。这样先认得一种，记牢后再认第二种，很快他就能记住了大部分颜色了。

TIPS：

色弱同色盲一样也会遗传，遗传规律与色盲相同，患有色弱的人对颜色的分辨能力比较低下。宝宝是不是色弱，去医院检查一下便知，不过年纪太小的宝宝测试的结果准确度可能不高。

2 爱上涂色

3~4岁时，宝宝像着了魔一样，爱上了涂色，什么红色蓝色，地上门上都被他用彩笔和颜料涂了遍，把家里搞得一团糟。

这说明宝宝进入了涂色敏感期。这一时期的宝宝，喜欢认识五彩缤纷的色彩，并将色彩融入自己的意识中，会强烈要求自己选择玩具的颜色、选择衣服的颜色等等。

涂色对宝宝的成长益处颇多。宝宝涂色的过程为以后的书写作了准备，通过最初的乱涂，他的书写才会逐渐趋于规律。另外，还可以充分发挥宝宝的色彩想象力，培养宝宝对颜色的认识，反映宝宝的生活经验，使他们通过涂色表达自己眼中的世界，从而激发宝宝对美术活动的兴趣。

需要注意的是，宝宝画画和宝宝涂色这两个活动是完全不同的。宝宝画画，常常使用一种颜色，一支笔，有时候一幅画全部是铅笔画出的，但在最后，孩子会慎重在这幅画中点一个带颜色的点。这意味着宝宝对色彩有了特别的重视。而宝宝涂色则是在黑白图案上任意填充颜色，色泽比较鲜艳。

给宝宝足够的色彩刺激

要培养宝宝的审美能力和美术智能,就要让宝宝能够接触更多的颜色,给宝宝足够的色彩刺激。

1. 亲子阅读中的色彩刺激

亲子阅读时用的图画书,对宝宝来说也是一种色彩的刺激。在给宝宝选购图书的时候,家长不要只关注图书的内容,也要花一点心思去比较图书的画面色彩、装帧质量等,一些色彩纯正鲜明多样的图书,显然能让宝宝接触到更多颜色。

2. 给宝宝更广阔的空间

日常生活中父母不要总以自己的偏好来影响宝宝对色彩的认知和喜好。多让宝宝接触不同的色彩,不但能够提高宝宝的审美,开发宝宝的绘画潜能,视觉的刺激还会促进宝宝大脑的发育呢。

3. 日常生活中灌输色彩信息

在生活当中,各种事物都是有颜色的。在宝宝接触到这些涉及颜色的事物时,可以提示宝宝各种食物的颜色,比如说宝宝今天的小外套是蓝色的、宝宝的书包是红色的等等。在给宝宝选择服装的时候,可以选择一些色彩鲜艳的服饰,让宝宝从自己身上接收到色彩的信息。宝宝最常接触到的玩具、餐具等等,爸爸妈妈也要尽量给宝宝选择多一点色彩的,不要一买就是统一颜色的一套。

让宝宝爱上涂色的 4 种方法

❶ 带孩子到大自然中去，去观赏色彩鲜艳的花卉，增加对事物的感性认识。如：带幼儿到大自然中感受自然的美，指着缤纷的景色说："这是红花，那是黄色，树叶是绿的，天空是蓝色！"让孩子在大自然中感受色彩的美丽，为他们绘画增加一些感性知识。

❷ 多欣赏一些涂色绘画作品，引导孩子观察别人的画为什么好看，还可以给孩子看一些不涂颜色的画让孩子进行比较，哪一种画好看，为什么？从而激发孩子对色彩的喜爱。

❸ 幼儿在家进行涂色时，父母要及时加以鼓励。在指导孩子涂色时要注意孩子年龄小，手指、手腕肌肉还很弱，脑、眼、手还不协调，注意力容易分散，因此让孩子涂染的面积不能过大。

❹ 孩子的涂色技能是需要训练的。开始时，可让孩子用蜡笔或油画棒不画轮廓线，直接采用涂染的方法表现出来。画小树可先用笔左右摆染，然后再逐步过渡到在轮廓线内涂色。要求孩子顺着一个方向涂，或从上到下，或从左到右，反复涂抹，尽量涂得密一些，注意慢慢地、细细地涂，不要涂到轮廓线外面。

玩出无限创意的涂色游戏

1. 玻璃球作画

把白纸铺满一个鞋盒盒底，在纸上分开设置几团不同颜色的水彩。将玻璃球放在纸上，让孩子双手捧住盒子任意晃动或有指向地晃动，玻璃球滚过就会沾上水彩，在纸上画出各种各样的线条，几经交叉穿行，就能勾画出丰富多彩的画面。

2. 吹画

可以让孩子直接感受三原色的变化过程，又能培养其想象力。在光滑的白纸上，蘸上多种不同颜色的水彩颜料，让孩子用吸管在颜色上吹，颜色各自形成各种变化无常的形态。当两种颜色吹在一起时，变成另一种颜色，形成另一种形态。

3. 印画

利用树叶、旧积木、萝卜、瓶盖以及孩子的手、脚等，涂上孩子喜欢的水粉色彩，然后把它印在白纸上。如在三角形的积木上涂上红色，正方形的积木上涂上黄色，印在一起，就成了一座美丽的小房子。

涂色3个注意事项

★ 为宝宝选择的涂色书或者涂色卡要内容丰富，分类细致而合理，条理清晰。

★ 让宝宝由简到难、循序渐进的涂色。

★ 为宝宝选择一些连线图案的书，宝宝可以先连线，再在图像上涂上自己喜爱的颜色，一书二用。

3 不吃残缺的饼干

从某天开始，家长会发现宝宝忽然变得执拗起来，经常在一些微不足道的小事上较劲：玩具有了破损，宁可全部毁掉也不要被重新粘好的；圆形的小饼干不可以被掰成两半，一定要完整地按照一定形状一点一点地吃掉；裙子上的蝴蝶结掉了一定要找回来，并且必须是原来的那一个。如果不能达成心愿便会哭闹不止。这样挑剔和执拗，不是因为宝宝脾气变差了，而是宝宝进入了"完美敏感期"。

著名教育家蒙特梭利认为，儿童在成长过程中会经历一个又一个敏感期。儿童进入某个敏感期就会特别容易发展某种意识或行为，而通过这些敏感期，儿童的认知水平会有很大提升，从而进入更高的成长阶段。

"完美敏感期"往往在宝宝2岁多时来临，持续到4岁左右，这个时期的宝宝会非常在意身边的事物是不是够完美，如果有人破坏了事物的完美，宝宝就会哭闹不止，并努力将事物复原成心中完美的样子。

家长可能会惊异于孩子对完美的执著追求，其实追求完美不仅孩子的天性，更是人类的天性。年幼的孩童有着纯粹的灵魂，人类最本质的属性和欲望就会体现得更加明显。成年人不会对过于苛求完美，是因为成年人认识到绝对的完美是不存在的，残缺是一种正常的客观存在，但内心依然会对完美的事物有所向往。而孩子还不懂完美和残缺的哲学关系，完美可以给孩子美好的感觉，所以执著于追求完美只是十分单纯的精神追求。这表明孩子的精神世界开始变得深入起来。

"完美敏感期"的孩子会在追求完美的过程中反复的认识完美和残缺。

那个已经丢了，这个蓝色的蝴蝶结也很漂亮啊！

我就要我原来的那个红色蝴蝶结，不要这个！

当他们发现有人破坏了完美，或是他们无法达到完美的标准时，会发脾气会耍赖，但只有通过这种方式，孩子才能发现残缺是客观存在的，有些完美被破坏掉是无法修补的。这也是一个感受与学习客观规律的过程。

对处于"完美敏感期"的孩子，家长应该耐心温和的对待他们的执拗，保护他们对完美的追求。尽量帮助他们达到他们要求的完美状态，即使不小心破坏了完美状态，也要尽力帮孩子恢复。如果实在实现不了的事情，家长不妨等孩子的哭闹平静下来后，认真跟他解释为什么无法达成。

保护了孩子对完美的追求，也就保护了他对内心规范的追求，心中有标准的人，就会在潜意识里对自己严格要求，这样才会去努力提升自我，为了心中的标准而努力的学习和工作。

TIPS：

一个心中有完美标准的孩子也会有较高的审美情趣，将来会长成一个有原则有底限的人，而不会是一个野蛮庸俗的人。

尊重宝宝追求完美的心态

完美敏感期对孩子的心理发展起着至关重要的作用。追求完美是一种内在的、自律的力量。如果这个时期，孩子追求完美的心得到满足，孩子就会自己产生"完美自律"。

当孩子上了小学后，"完美自律"对孩子的影响会更大。比如做作业时、画画时、做练习时，孩子都会力求做到让自己满意。我们看到，许多人表现出对自己的要求非常严格，这些都和"完美敏感期"的发展有着密切关系。

如果这个时期孩子追求完美的心没有得到满足，也就错过了这一关键时期。但同样的，如果在这个时期没有得到正确的指导，甚至得到负面的强化，那这种行为有可能往畸形的方向发展。

完美，是这个时期孩子心理发展的需要，因此，爸妈们应顺应孩子这一需要。比如在做点心、面食、菜品上，都应当为孩子考虑，可以相对来说做得小巧一些，一次给孩子的是完整的。当孩子因为饼干碎了而不想再吃的时候，不应当勉强孩子吃碎掉的饼干；孩子的这一心理得到满足，对于孩子心理发展是很重要的。

切记，追求完美是孩子的天性，保护它就是保护一个追求完美的人。

宝宝完美敏感期的表现特征

★ 凡事追求完美。

★ 只吃完整的食物。

★ 变得爱化妆（尤其是女孩子）。

★ 很小的失误也会很痛苦。

敏感期教养 4 重点

1. 细心观察敏感期的出现

每个孩子的敏感期出现时间并不相同，因此父母必须客观细心地观察孩子的内在需求和个性特质。

2. 布置丰富的学习环境

当观察到孩子某项敏感期出现时，尽可能为孩子提供一个满足他成长需求的环境。

3. 鼓励孩子自由探索、勇敢尝试

当孩子获得了尊重与信赖后，就会在环境中自由探索、尝试。

4. 适时协助减少干预

当孩子热衷于有兴趣的事物时，父母应放手让孩子自己做，并适时予以协助、指导。

多多理解宝宝的"完美"要求

1. 适当放手

对于处于完美敏感期的宝宝,不能接受被别人,尤其最爱他的妈妈看到自己的失败。所以要注意减少在宝宝自主游戏时间里的陪伴,让孩子自己决定怎么玩、玩什么。

2. 客观地表扬

在玩一个新游戏时,家长最好不要让宝宝觉得这是对于他动手能力的一个挑战,而是崭新的一项活动,进行中应该着重表扬他付出的努力,表扬他在进行中的每个步骤,而不要一味地表扬他取得的成果,教会宝宝享受过程,而不是只关注结果。

3. 不强迫宝宝

家长没必要强迫宝宝去做他不想做的事情,不想玩的游戏。比如为了训练宝宝手指精细动作,若宝宝不想练习用筷子,那么完全可以换别的方式加以训练,如用水杯倒豆子、捏橡皮泥、折纸、撕纸等都是很好的方法。

4. 尽可能保持宝宝的兴趣

在学习新本领的游戏过程中,要尽可能保持宝宝的兴趣,不要让他觉得这是一种有目的的训练,以免引起宝宝逆反心理。

5. 不要给宝宝心理暗示

不要当着宝宝的面跟别人说"我们家宝宝手很笨的"之类的话,这会给他心理暗示,觉得自己的手真的很笨,于是更怕练习、更怕露怯。给他尝试的信心和机会,这样,宝宝才有可能慢慢学会不去太过在意结果,而开始享受整个事件的过程。

4 对细小事物感兴趣

孩子1.5~2岁时，会对细小的物体特别感兴趣，比如孩子面前同时有一支笔、一粒花生米、一粒小豆，孩子会首先抓住小豆。总喜欢用手牢牢地握一些小珠子、小笔芯、小线头、小纸片等等很小的东西，好像生怕别人抢了去。

孩子对细小物体的关注其实就是孩子观察力的开始。成人不要打断孩子的关注，应该在安全的前提下保护他的兴趣。

大人常会忽略周遭环境中的微小事物，但孩子却常能捕捉到个中奥秘。因此，若孩子对泥土里的小昆虫或您衣服上的细小图案产生兴趣，那么这时正是培养孩子的好时机。

家里的客厅、厨房、阳台，户外的公园、马路，随便哪个小犄角旮旯，都蕴涵着丰富的可供探索的资源，都会引发宝宝的好奇心。聪明的妈妈要采取一些方法来鼓励他们去观察，去动手体验，进一步引导宝宝深入探究事物的奥秘，在引导的过程中切不可以成人的思维限制宝宝的观察力和想象力。

> **TIPS：**
> 儿童对细小事物的观察与热爱，是对已无暇顾及环境的成人的一种弥补。
> ——蒙台梭利

好奇心增强，喜欢用手探知

宝宝大了，开始对周围环境产生好奇心，并开始对环境的积极探索，喜欢的方式就是用手指到处捅。我们会发现，宝宝时常用手指捅自己的耳朵、鼻子、嘴和肚脐眼。慢慢地，他开始把这种考察和嗜好转移到别人身上，喜欢捅别人的耳朵、鼻子、眼睛和嘴，甚至还要比较这两种感觉的不同。

随着宝宝的接触和活动范围逐渐扩大，他还喜欢捅房间里能接触到的各种东西，如锁的钥匙孔、门缝、墙上的小洞等，最危险的是宝宝会用手指捅墙上的电源插座。

所以，这个阶段要特别保护好宝宝，必须随时监管，最好派有专人看护。关键还要做好安全防护措施，电源插座应该安装在宝宝够不到的地方，或把危险地方的插座用胶布或其他东西封好。

培养宝宝观察力原则

培养宝宝的观察力要掌握由易到难、由简单到复杂的原则和适时的原则。宝宝还很小，观察往往不准确、不完全，而且随意性强，不能服从于一定的目的和任务。父母应该在了解此阶段宝宝观察力的基础上对其进行引导并促进其发展，切不可拔苗助长。

培养宝宝观察力，家长可以这样做

1. 从宝宝感兴趣的地方入手

如宝宝对妈妈的眼镜感兴趣，总喜欢盯着看，还试图用小手抓住它，妈妈可把眼镜摘下来拿到他的眼前，再让他的小手摸摸，然后对着宝宝一字一顿地说"眼镜"，再把眼镜戴上，指着它说"眼镜"，这样不断地强调，宝宝就会认识这个事物。

2. 给孩子创造适当的观察机会

家长可以为孩子创造观察的机会，比如带他一起寻找路边的小蚂蚁洞，并陪着他一起观察。在这个过程中，家长也可以给孩子做一些讲解，让他既能体会到观察的乐趣，还能从中学到知识。

不要让他在车辆经过的路边等地方观察，也要适当控制他的观察时间，否则就容易对他的身体造成伤害。

3. 不要强制性地培养孩子的观察能力

有的妈妈直接将许多小东西摆在宝宝面前，一个一个让他认，以便宝宝观察细小的事物，培养其观察能力。其实这样的方法并不一定会引起宝宝的兴趣。因为孩子都是先对某一个小事物产生了兴趣，之后才会积极地去认知这一事物。

5. 多和宝宝讲解生活中的各种物品

平时做事也最好是对孩子边做边说，特别是对他日常接触的事物、经常看到的物体均可用语言强调，如"鼻子"、"奶瓶"、"水"、"香蕉"等，并可告诉宝宝这些事物的颜色、形状、作用等，训练宝宝逐渐听熟这些名称，将词和物联系起来。

4. 别强行打扰孩子的"观察工作"

孩子的观察在他自己看来，其实也是一种"工作"，一种值得他聚精会神去做的"工作"。若妈妈打扰甚至是阻止他，也许会对他的心理产生消极的影响。

所以，妈妈不要强行打扰孩子的这种"观察工作"，完全可以给他一些时间，最后让他自己主动离开。不要去破坏他的认识过程，因为这也是在培养孩子专注的品质。

6. 多让孩子在大自然中观察

妈妈可以多带孩子进入大自然，去亲身体会并观察事物。不过，在让孩子接触自然的时候，妈妈不要提前就给他设定一个目标，也不一定非要让他去认识什么，这样会阻碍他体验大自然的乐趣。

妈妈要明白，在这一敏感期的孩子，只愿意去观察他感兴趣的事物，所以妈妈的"针对性教学"也要以孩子的兴趣为主。

5 喜欢捡"破烂儿"

从3~4岁起,只要一带宝宝出门,他就开始了他的"寻宝之旅",一块小石头、一根小树杈、破碎的纸片、半截烟头、破碎的砖头……这些都是宝宝心仪的"宝贝",一不留神,它们就在宝宝的玩具箱"安家"了,而且不允许任何人碰触。若硬是拿走,就哭天抢地的……

父母大都会阻止孩子去捡这些"破烂儿",认为这种行为不卫生,容易使孩子感染病菌,也使家里的环境变得糟糕,有时还会因此与孩子发生冲突。其实,大可不必去强行阻止孩子的这种收藏爱好。

宝宝捡"破烂儿"是一个用手去探索世界的行为。手是口和眼强有力的延伸,宝宝喜欢用手去感知世界,感知不同形状,不同质量的东西。通过对这些杂物特别是一些细小"破烂儿"的摆弄,宝宝的感官变得敏锐起来,可以很好地锻炼其手眼协调能力,成为他认识和了解世界最初的一个窗口。

另外,喜欢收集也是孩子的一种心理特点,他们收集那些自己喜爱的新奇事物,摆弄、观察、欣赏,这正是孩子健康正常生长发展的过程。

做家长的应该给予适当的指导,不要因为地上的东西脏,就遏止了宝宝探索的欲望,一味地对他们说不准,而要尝试去开导他们,鼓励宝宝用心观察,发现细小的、与众不同的东西,捡起来感受一下它们不同的质感。

而对于烟头、果皮等真正的垃圾,妈妈可以和宝宝一起捡起来,把它扔到垃圾桶里去,让宝宝养成爱护环境的好习惯。

总之,只要宝宝能够答应你讲究卫生,不将捡到的东西往嘴里塞,或者捡完以后会洗手,那么家长也不妨退一步,让他做喜欢的事情。

"寻宝"敏感期，家长如何施教

1. 耐心了解孩子的真实想法

家长要主动地问一问孩子、耐心地观察孩子，站在孩子的角度上去了解他捡"破烂儿"的真实想法。

也许孩子捡来石头，是对这些石头的不同形状、不同花纹感兴趣；也许孩子捡来树叶，是被树叶的脱落感到疑惑，或是将树叶想象成了什么；也许孩子捡来废纸，是被那上面缤纷的色块所吸引……如若遇到这种情况，家长一定要保持一颗童心，理解孩子，甚至参与到他的探究活动中，满足孩子的探究欲望。千万不要用成人的谩骂和武力扼杀孩子的好奇心和美丽的童真。

2. 给孩子提供一个自由支配的空间

给孩子一个小抽屉、一个小箱子，让他自由支配、随心所欲地安放自己的收藏品。

3. 告诉孩子收藏的注意事项

在孩子收藏过程中，父母可告诉他们哪些东西不适合收藏，比如刀片、玻璃之类的危险品，以及垃圾堆里的不卫生品等。

4. 教给孩子学会分类整理

如将所有的小石头放在同一个盒子里，树叶夹进文件夹里，机械类的小零件则装在一个塑料袋中，这样既方便查找，又显得整洁、有条理。在这个过程无形中锻炼了孩子的分类整理能力，还让他养成了做事有条理的好习惯。

5. 鼓励孩子保存一些收藏品

你可以和孩子一起选择一些有代表性的物品，让孩子永久地保存起来。在不久的将来，这些小小的收藏品，会成为孩子孩提时代快乐、永恒的记忆。

不要小瞧孩子爱捡拾破烂的行为，在大人眼里是不再有利用价值的"垃圾"，对孩子来说却可能是色彩缤纷的"宝藏"。没必要去担心他真的会成为"丐帮帮主"，等他度过这个年龄段，自然就不会热衷于去捡拾"破烂儿"了。

6. 妥善处理孩子的收藏品

孩子总是喜欢捡"破烂儿"，捡来的是什么东西，家长要认真去分析，寻找处理问题的办法。如：孩子总是喜欢捡些纸盒之类的东西，家长就可以充分利用家里的一些废旧烟盒、食品盒、药盒等，启发诱导孩子做一些"汽车"、"楼房"、"电脑"、"电视机"等等，变废为宝，既解决了问题，满足了孩子的需求，又可以开动脑筋、激发孩子的思维和创造性，从小培养孩子的洞察力和创造能力。

7. 创造机会让孩子与人分享与交换

鼓励和创造机会让孩子与同伴进行收藏品的分享与交换，让他有机会向同伴展示自己的收藏，并且由他自己来介绍收藏品的价值，以使孩子体验到更多的成就感和自信心。

TIPS：

幼儿期的孩子对大千世界充满了好奇，他们渴望通过自己的探索了解世界，探个究竟。他们对接触到的周围新鲜事物，往往有强烈的占有欲望。因而孩子爱"捡破烂儿"，是好奇心的驱使下无意识的行为。作为孩子的支持者、引导者、合作者，家长一定要保护幼儿的好奇心，成为孩子"收藏物品"的支持者。

6 学什么像什么

心理学家对新生儿的模仿行为进行了研究，结果表明，在出生后最初的4个小时中，新生儿就已经具有模仿能力了。那时的新生儿模仿的是张开嘴、噘起嘴，或者是在嘴里动舌头。

这标志着宝宝和周围的人有了一种关联，正是这种关联沟通了宝宝自我世界和外面世界。

婴儿在不断地模仿过程中学到了很多东西，出生后7～9个月，有将近一半的婴儿已能模仿着乱画，能模仿着摇铃，能模仿成人摆手表示再见；还有的宝宝已能把小方木放入茶杯中，甚至还学会了玩"虫虫飞"的游戏。

在这个成长阶段，如果父母在喂宝宝东西吃的时候，反复说"啊，张嘴，张嘴"，并且作张嘴状，有的宝宝会学着说"啊——啊——"，并且会学着父母的样子张开嘴。像这样的模仿已经是动作和语言同步进行了，表明宝宝的模仿能力已经提高了。

不过此时的宝宝模仿能力才刚萌发，他们的模仿行为还只是一种纯模仿性的行为，只会用学来的动作语言来表达自己的感觉，还不能理解其真

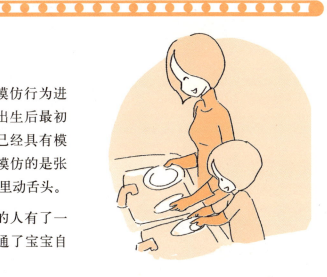

实含义，还不会对模仿对象进行一番选择后再模仿。

而1～3岁则是宝宝模仿能力飞速发展的时期，模仿也从无意识向有意识转变。宝宝不停地模仿父母，模仿其他小朋友的一举一动。笑、爬、说话等等都是他们的所爱。他们不辞辛苦、不厌其烦地，一遍又一遍地模仿。

所以，家长在帮助宝宝提高模仿能力时，一定要注意自己语言和动作的准确性。平时的言行也要文明，千万不能以为宝宝还小就不在意，否则"近墨者黑"会在以后宝宝的成长中体现出来。

总之，模仿能力对宝宝以后的成长会起举足轻重的作用，家长要抓住时机培养孩子的模仿能力。

如何发展宝宝模仿能力

1. 尽早给宝宝提供模仿的环境

宝宝能坐时,用童车每天带他到户外2～3小时,接触空气、阳光。也可铺一块小毯子在草地上,放些玩具,让他在毯子上挪动身体,伸手抓玩具,自由活动,这是模仿的早期准备。

2. 充分满足宝宝模仿的需要

日常生活中,大人可有意识地放慢自己摘菜、炒菜、扫地、洗衣服等动作,以满足宝宝模仿的需要,给孩子成长的空间,使其平稳地度过这一时期。

3. 要正确引导孩子模仿

孩子对周围的事物极感兴趣,什么都想模仿,而孩子的模仿能力和他的生长发育、认知能力有很大的关系,父母是孩子的直接模仿对象,一定要特别注意自己的言行。

3 个有趣的模仿游戏

1. 过家家

一片树叶,放上一粒小石子,可以包饺子;拾几颗小石子,就是肉丸子;捡几根青草,炒盘小菜……妈妈可以和宝宝一起多玩玩过家家的游戏,以激发他模仿周围的实物和成人活动的兴趣。

2. 哄布娃娃睡觉

教宝宝哼唱着摇篮曲哄布娃娃睡觉,养成按时睡觉的作息习惯。

3. 给布娃娃穿衣

让宝宝给布娃娃穿衣服,学会区分衣服的前后、左右,从而达到学会自己穿衣服的目的。

7 剪纸的乐趣

2岁开始，孩子最常见活动就是剪东西。大人一不注意，宝宝就拿着剪刀到处乱剪，剪书本、剪纸，每次直到小手累得不行，才会停下来……

剪刀使人心灵手巧。2岁的孩子，五指已分化，能够抓握实物，开始出现"钳式"运动，一般3岁的孩子，就具备学习使用剪刀的能力了。

孩子从这时开始真正有意识地使用工具，作为父母，尽量提供充足的手工材料，比如多准备一些剪纸等，孩子会在这里安静下来，伸出已经唤醒的双手，通过撕、剪、贴、涂、卷、折来满足内心强烈的愿望，剪出各式各样的小玩意，不但巩固和协调了手指的动作和灵活性，还增添了学习的兴趣，丰富了生活。这个时期也是构建宝宝专注品格的最好机会。

用剪刀创作,安全很重要

❶ 给孩子剪纸准备的剪子要没有锋利的尖。因为孩子手部肌肉发育不完善,准确性差,使用不当,容易扎手,或出现其他事故。

❷ 教给孩子使用剪子的正确方法。要用右手的拇指放进剪子一侧手柄,用食指和中指同时放入剪子另一侧手柄,把剪子的尖朝前,剪刀立起来,从身体开始向前方剪,千万不要横着剪,以防剪到左手或扎到身体其他部位。

❸ 剪贴完毕要让孩子自己把剪刀收放好,不要拿剪刀打闹玩耍,要把地上的碎纸捡干净。剪下来的图形夹在本子里,或统一放到小盒子里,保存好以便下次使用、欣赏或粘贴。要使孩子养成清洁整齐的习惯。

介绍两种简单的剪纸方法

飞舞的蝴蝶

将彩纸对边折,画出蝴蝶的外形,铰剪去不要的外边部分后,展开,蝴蝶就完成了。

(1)对边折

(2)画

(3)剪出来

漂亮的向日葵

1.先准备2张漂亮的彩纸,然后将其中一张沿对角线折叠,画出向日葵形状并剪好,向日葵主体部分就做好了。

2.将正方形折纸裁出四分之一后,将折纸沿中线折叠,用笔画出半圆的形状并剪好,向日葵花心部分就做好了。

3.将向日葵主题部分展开,把花心部分粘上去即可。

向日葵

Part 6
逻辑思维敏感期，孩子成才最重要的奠基期

　　逻辑思维能力是孩子智力结构的核心因素之一，是孩子对事物进行观察、比较、分析、综合、抽象、判断、推理的能力。逻辑能力强的孩子能准确而有条理地表达自己的思维过程，能井井有条地处理日常事务；而逻辑能力弱的孩子做事无条理，表达能力差。可见，逻辑思维智能开发对孩子的学习乃至未来的职场、人生都会产生重要影响。

逻辑思维智能发展特征

年龄	表现特征
0～3岁	◎ 动作思维为主。 ◎ 此阶段宝宝思维是依靠感知和动作来完成的。 ◎ 他只有在听、看、玩的过程中，才能更好地进行思维。 ◎ 比如说，孩子常常会边玩边想，但一旦动作停止，思维活动也就随之停止。 ◎ 由于生理、心理发展都不完善，因而逻辑思维能力的训练往往都是从最基本、最简单的做起。
3～4岁	◎ 从动作思维到形象思维过渡。 ◎ 此阶段宝宝思维可以依靠头脑中的表象和具体事物的联想展开，他们已经能摆脱具体事物或行动的束缚，能运用已经知道的、见过的、听过的知识来思考问题。 ◎ 虽然动作思维仍占很大部分，但是形象思维也占了相当比例，思维活动已经可以依托一个具体形象来展开了。 ◎ 比如如孩子数1～10的时候，刚开始可能要借助一些具体物体才能完成，但只要父母注意引导，就可以逐步地过渡到用眼睛"默数"的程度。这就是一种从动作思维到形象思维的简单转化。
4～6岁	◎ 形象思维占主导地位，但已经初步出现抽象逻辑思维。 ◎ 对于事物的理解也发生了各种变化，比如从理解事物个体发展到对于事物关系的理解，从依靠具体形象的理解过渡到主要依靠语言来理解，已经不停留在对事物的简单表面的评价上，开始对事物有了比较复杂、深刻的评价。 ◎ 另外，思维已经能够从事物的外表向内部、从局部往全面的深度去进行判断和推理，并且在不断地加深。

1 宝宝喜欢"躲猫猫"

"躲猫猫"这项游戏对6～11个月大的宝宝具有极大魅力。每个宝宝玩"躲猫猫"的时候都特别开心。

刚开始的时候,是一种被动的躲猫猫,妈妈用书或者毛巾把脸遮起来,宝宝此时会出现迷茫的表情。这是因为在半岁之前的婴儿眼中,一个物品如果不见了,那么就表示它消失了、不存在了。过了半岁之后,婴儿才逐渐意识到被遮挡住的物体并没有消失,它仍然存在,只是自己看不见。于是宝宝开始会主动地参与到游戏中来,妈妈躲起来,宝宝会主动地寻找,伸手来拉毛巾或书。

"躲猫猫"游戏,让宝宝经历了"看不见——寻找——看见了"的心理过程,能帮助宝宝建立起"物体恒存"这一概念。宝宝依赖各种感官全面探索世界。而理解"物体恒存",是宝宝学会探索、认识世界的第一步。在宝宝6～12个月时帮他更好地掌握的概念,对宝宝的脑发育十分有利。

自此,宝宝不再害怕与亲人分离,因为他相信与亲人分离是暂时的分离,并不是表示自己被遗弃了!这时即是建立信任感最好的时期,也是空间概念和逻辑思考发展的必要条件之一。

寻找藏起来的任何物体都是"躲猫猫",家长可以试着让宝宝找玩具、找小勺,也可以让他找找你。这个简单的游戏不仅能让宝宝感到快乐,还会帮助他适应没有妈妈陪伴的时刻。

宝宝"物体恒存"发展历程

月龄	表现特点
0~4个月	离开视线,物体就不存在。假如一个人或物品离开他们的视线,婴儿会瞪视物品最后所在的地点一下,如果物品没有马上再出现,婴儿便即刻将这档事至于脑后,去玩别的,也不会努力去寻找。
4~8个月	开始萌芽,试着寻找物体。对于外部的世界越来越有兴趣,玩具掉落了,宝宝会追视滚落的玩具;当妈妈躲在毛巾后面时,他可以找出妈妈来。但是对于完全被藏起来的物品,宝宝的举动又好像物体不存在一样。
8~12个月	物体存在,更加真实。开始对物体恒存有真实的感觉,宝宝可以找到完全隐藏的物品。但是,宝宝一旦成功在某一地点找出玩具,即使当着他的面把东西移到别处,宝宝仍然会坚持在原处寻找。大概满1岁后,这种情况才会逐渐减少。
12~18个月	更进一步,了解物体会迁移。对于物体恒存的概念进一步理解,只要看到大人如何藏匿他的玩具,他就可以跟上一连串位置改变的过程,而直接到最后一个藏匿处将玩具取出来。
18~24个月	发展完整,有了想象力。可以跟上自己未曾目睹位置的改变过程。比如宝宝的玩具球滚到沙发下面,他会绕过沙发将球捡回来继续玩。因为宝宝自己已有的想象能力,在无法目睹的情况之下,宝宝想象球球滚动的轨迹,及可能前往的方向,而"绕过沙发捡球"的行为也展现出宝宝不仅已建构出空间的知觉,还能组合不同互相联络的路径到达同一位置的能力(不是由沙发下面爬过去捡球);将球捡回来的动作也呈现了一个可逆性的原则。

各种"躲猫猫"的亲子游戏

小汽车哪儿去了

爸爸或妈妈在宝宝面前,先拿一件他喜欢的玩具,如小汽车,在宝宝的眼前有节奏地摇着,吸引宝宝的注意力。

当宝宝注视小汽车的时候,妈妈突然用手帕将小汽车的大部分盖住,并且微笑着对宝宝说:"咦,奇怪呀!宝宝的小汽车哪儿去了?宝宝找一找小汽车在哪里?"宝宝就会去搜寻刚才还存在的小汽车。很快,宝宝的眼睛就会注视着盖着手绢的小汽车。

随后,妈妈把手绢拿开,说:"啊!原来宝宝的小汽车在这里。宝宝找到了。宝宝真聪明。"

游戏可重复进行。先和宝宝玩一些简单的捉迷藏游戏,然后再慢慢增加游戏的复杂度(例如,让宝宝看到你将小汽车藏在棉被中,再让宝宝去找),这可以让你了解宝宝心智发展的程度以及现在的能力,促进宝宝观察力、记忆力的发展。

追玩具

大人拉着线，拖着玩具在前面走，让宝宝跟着玩具爬。先让玩具和宝宝保持一定距离，然后走几次拐角，让玩具一会儿处于宝宝的视线中，一会儿"消失"。要给宝宝抓住玩具的机会，以保持兴趣。通过玩具"出现——消失——出现"的形式，帮宝宝更好地理解物体恒存的概念。

光影游戏

找个有光线的地方，把手影投射到墙上，给宝宝看手影。手影不要太复杂，让形象反复出现，以便宝宝熟悉它们。这个游戏能随时随地操作，手影随时随地会消失，这有利于宝宝辨别什么样的物体是客观存在的。

一家三口躲猫猫

爸爸藏在妈妈身后，妈妈对着宝宝说："爸爸哪里去了？"宝宝开始到处搜寻，爸爸适时现身："爸爸在这里呢。"宝宝高兴得手舞足蹈，于是认识到"藏起来"的意义。妈妈拿着宝宝的手，放到宝宝的身后，问宝宝："宝宝的手哪去了？"宝宝困惑的时候，再把宝宝的手拿过来，说："宝宝的手在这里。"这样，宝宝也开始认识自己的手。这一游戏可以宝宝让对大人产生记忆和依赖，发展宝宝的"物体恒存"概念。

2 "因为……，所以……"

3岁以后，大人突然发现宝宝说话能力大有进步，比如妈妈问他为什么要吃饼干，宝宝就会解释说："因为我饿了，所以我想吃饼干。""因为……，所以……"的句式出现的频率越来越高，这说明宝宝逻辑思维语感能力大大提高，讲话有条理了。

这里所说的"讲话有条理"，就是有先后顺序，不会颠三倒四。比如，让孩子讲他早晨做了哪些事情，如果他说起床后先穿衣，刷牙洗脸，妈妈给他做了好吃的早饭，奶奶送他去幼儿园，就较之他说吃了什么早饭，奶奶送他去幼儿园，起床后刷牙洗脸要显得有条理。

宝宝在学说话的早期，往往不知道自己说的是什么意思，只说出一两个词，家长就忙着补全，不让宝宝有更多机会去进行获得逻辑思维语言。这种做法会妨碍宝宝逻辑思维的发展。

对孩子逻辑思维语感能力进行合理、及时的培育是父母的职责，否则会影响孩子逻辑思维基本结构创建和丰富成长的过程，导致孩子无法运用语言外在表现方式实现对等的信息交换，从而逐步形成逻辑思维。

0～3岁宝宝逻辑思维训练方法

1. 理解数字，学会点数

父母在教孩子数数时，可以让孩子一边口中念念有词，一边用手摸扣子、玻璃珠、碗、豆豆等物品，这能更加能引起孩子数数的兴趣。

2. 掌握一些空间概念

家长们可以利用日常生活中的各种机会引导宝宝，比如"请把勺子放在碗里"，提高宝宝对空间的想象力。

3. 学习分类法

父母要注意引导孩子寻找日常生活中物体的相同点，比如根据物体的颜色、形状、用途等不同的标准来分类。这样可以使孩子注意事物的细节，增强观察能力，从而训练了孩子的逻辑思维能力。

4. 建立时间概念

幼儿的时间观念比较模糊，让宝宝掌握一些表示时间的词语，理解其含义，是非常有必要的，比如立即、马上等词语的含义，这样可以建立宝宝的时间观念。

5. 了解顺序的概念

这是训练孩子逻辑思维的重要途径。这些顺序可以是从大到小、从硬到软、从甜到淡，同样也可以反过来排列。如家长可以拿来几个大小不同的苹果，让孩子动手把苹果按大小排列起来。另外，掌握左右、前后、里外等的空间概念，也有利于提高孩子的逻辑思维能力。

3～4岁宝宝逻辑思维训练方法

1. 培养看图说话能力

家长可以带着孩子多看看图片，引导孩子说说图片上都发生了什么事情。

2. 观察能力的培养

观察有序能促进思维有序，使孩子考虑问题有条有理，既不重复也不遗漏，同时使语言表达趋于条理化，促进思维能力的逐步提高。所以，观察力的培养对于提高孩子的逻辑思维能力也有着非常重要的作用。比如妈妈可以和孩子一起观察图片，让孩子说说图中都有什么动物，他们分别在干什么。

3. 培养动手能力

这个时期的宝宝已经从动作思维过渡到具体形象思维，但是思维仍然离不开动作和表象，培养孩子的动手操作能力能促进思维能力的萌发。家长可以带着孩子多做些手工、玩玩折纸等。

4～6岁宝宝逻辑思维训练方法

1. 丰富孩子的知识

有目的的扩大孩子的眼界，丰富孩子的知识也是提高孩子逻辑思维能力的重要途径。只有见多识广，孩子的思维能力才能够在丰富的感性认识的基础上更加积极地开展起来。家长可以给孩子找一些寓言故事、侦探故事、科普性读物等，常常拿出来和孩子一起讨论，以便活跃孩子的思维，提高他们进行逻辑思维的兴趣。

2. 提高孩子的想象力

想象力是智力活动的翅膀，它能为逻辑思维的飞跃提供强劲的推动力。因此，要善于对孩子提出各种问题，让孩子通过想象来打开思路。比如，当看到小汽车圆圆的轮子时，可以让孩子想象一下，哪些东西上面也有圆的轮子，哪些东西是圆的等等。

3. 让孩子学会自己解决问题

经常让孩子独自解决问题，他的大脑就会积极活动，因为问题的解决过程就是一个逻辑思维的训练过程，从而可以有效提高其逻辑思维能力。

4. 培养孩子独立思考的习惯

逻辑思维能力发展的关键是要具备独立思考能力。面对孩子的问题，高明的家长会告诉孩子寻找答案的方法和途径，启发孩子了怎样去想、去分析，怎样运用自己学过的知识和经验，怎样看书，怎样查参考资料等。孩子自己寻找答案的过程，自然而然地也逐步提高了思维能力。

3 爱帮家人摆鞋子

从宝宝1岁多的时候，他们的秩序感就开始萌发了，他们会乐于学习和接受大人教给他们的生活秩序，到了3岁左右，孩子的表达能力、行动能力都已经达到一个比较高级的阶段，他们对秩序感的追求就会明显地表现出来。

追求秩序感是儿童内在的自然需求，秩序分为外在秩序和内在秩序（心理秩序），外在秩序是儿童建立秩序感的第一步。他们会非常关注生活秩序：谁的东西只能谁用，穿衣服一定要按照一定的顺序，排队时一定要站在规定的位置，叠好衣服后才能睡觉……每一件小事都要符合最初的秩序规定。慢慢的他们会将所有感知到的事物进行归类，听到的归为一类，看到的归为一类，闻到的归为一类，这样就把感觉上的认识上升为知觉上的认识，这样也就形成了智能，孩子开始对外在的世界有了自己的理解和认识。

遵守秩序和维护秩序能够给孩子带来安全感，因此，孩子十分需要一个有序的生活环境。有序的环境可以让孩子认识到组成环境的各部分之间的关系，这也是最初的逻辑思维的形成，这种认知可以让孩子更好的组织自己的行为，做事情更有目的性，进而在适应环境的同时形成自己的生活方式。

2～4岁是儿童发展秩序感的敏感期，如果生活秩序经常被打乱，会让孩子陷入混乱和困惑，孩子会坐立不安甚至乱发脾气。童年时期的秩序感建立不好，孩子长大后可能会做事毫无逻辑，面对突发状况无所适从。因此，家长应该顺应这个阶段的孩子对秩序的追求，顺势培养他们良好的生活习惯，给他们营造一个健康有序的生活环境。

爸爸，你的鞋子放错位置了！

满足孩子秩序敏感期的需求

儿童秩序敏感期大致分为三个阶段：

第一阶段：秩序被破坏后会哭闹不止，直到秩序恢复。

第二阶段：自我意识萌芽，会为了维护秩序提出自己的意见。

第三阶段：主动要求自己和别人遵守秩序，错了要重来，表现得非常执拗。

最后一个阶段会让家长非常苦恼，孩子会因为一点小事不断较真，这时成年人应该对孩子保持足够的耐心，尊重孩子对秩序感的追求。比如，说话做事放慢速度，细心观察和倾听孩子；孩子因为秩序破坏而哭闹时，帮助孩子将秩序恢复；如果不能恢复，允许孩子将不满情绪发泄出来，让孩子学着接受已经发生的事情。

帮助孩子建立秩序感

1. 维持整洁有序的生活环境

定期做家庭大扫除，各种物品摆放整齐，不乱堆乱放，做的时候要向孩子提示。给孩子一个属于自己的空间，孩子的生活用品和玩具都要摆放在固定的位置，让孩子学着自己收拾东西，做事有始有终，给孩子收拾东西的时间。饭前要洗手，出入要关门，进门换鞋并摆放整齐。

2. 建立规律的作息时间表

家长应该给孩子制定一个科学的作息时间表，养成定点吃饭睡觉的习惯，日常生活中要严格执行，家长不能任由孩子随意拖延。必要的情况下，家长也要以身作则，到点关电视、不熬夜。这样不仅有利于孩子的生长发育，还能够培养孩子的时间观念和秩序感。

3. 营造温馨和睦的家庭氛围

在日常生活中向孩子强调尊老爱幼、长幼有序的观念，告诉孩子每个家庭成员的职责。经常陪孩子一起玩，自由的表达爱，让孩子感受家的温暖。

养成收拾东西的习惯

3岁之前的孩子还没有收拾东西的意识，因此家长要从这个时期开始培养他收拾东西的习惯，建立良好的秩序感。

收拾东西也要选好时机，当孩子正在专心玩游戏的时候，家长最好不要打断孩子强迫孩子去收拾东西。孩子的注意力都集中在游戏中，很难愿意分心去做别的事，家长如果不停地在孩子耳边叮嘱，会让孩子对收拾东西这个行为产生反感。家长可以等孩子玩完了，在把他叫过来收拾东西。

家长用严厉的语气指挥孩子收拾东西，或者拿不让他玩或者吃零食做威胁，孩子会产生逆反心理。其实家长可以这样对孩子说："妈妈和你一起收拾，这一堆是我的，那一堆是你的，我们比赛看谁收拾得快收拾得好！"任务立刻就变成了另一个游戏，孩子会乐于接受。

有的孩子并不知道要怎样收拾东西，家长可以准备几个大盒子或者将原来的玩具包装留起来，第一次和孩子收拾东西的时候，告诉他什么样的玩具怎么放，收拾好的盒子要放到什么位置。等孩子能够很好地完成了，再慢慢放手让他自己做。

建立宝宝秩序感的3个亲子游戏

照顾洋娃娃

游戏目的： 培养宝宝的秩序感。

游戏步骤：

1. 准备一个布娃娃、一张小床、一床小被子等，妈妈和宝宝一起照顾布娃娃。

2. 以时间为序设置情境，妈妈和宝宝一起先叫醒娃娃，妈妈唱儿歌："喔喔喔，公鸡叫，娃娃要起床。"宝宝弄醒娃娃。

3. 妈妈和宝宝一起给娃娃穿衣服，边穿边念："乖娃娃，起床来，太阳公公把他夸。"

4. 伺候娃娃吃饭，期间妈妈唱儿歌："乖娃娃、娃娃乖，不哭也不闹，来把饭儿吃。"宝宝给娃娃喂饭，边喂边说："娃娃吃饭。"

5. 依次设置"娃娃洗澡"、"娃娃睡觉"等情境。

游戏中，妈妈可渲染情境。比如在给娃娃喂饭前，妈妈可以说："哎呀！娃娃怎么哭了呢？"启发宝宝想问题，然后说："噢，原来是娃娃饿了。我们来给娃娃喂饭吧。"

干净整齐小宝宝

游戏目的： 让宝宝练习收拾自己的东西，知道衣服应当怎样摆放，要用时应到哪里去找；使宝宝养成整齐有序的习惯。

游戏步骤：

1. 妈妈同宝宝一起收拾柜子，把宝宝的上衣放到上格，将厚上衣和罩衣放在下面，把运动衬衫和内衣放到上面。再把宝宝的裤子放到下格，将厚的放在下面，薄的放在上面。

2. 把宝宝用的小东西放在抽屉里，袜子放在一边，帽子和手绢放在另一边，一面放一边说出物体的名称。

3. 在换季时要把不用的东西包起来放在最高一格，以便常用的东西拿取方便。

4. 宝宝随同妈妈一起收拾整理自己的东西，准备洗澡时就可以自己去拿要穿的衣服。

大人教给宝宝简单的衣服分类，然后让宝宝坚持这种整齐有序、分类放置物品的习惯，这会让宝宝终身受益。当然，在刚开始的时候，大人可以帮助宝宝检查，如果宝宝做得好，给予奖励。如果不好，则帮他（她）改进。

好宝宝洗洗手

游戏目的： 让宝宝学会正确的洗手顺序，保持个人卫生。

游戏步骤：

1. 首先，妈妈帮助宝宝将衣袖卷上，和宝宝一起站在水龙头旁。

2. 妈妈示意宝宝拧开龙头后，一起伸出手，将手淋湿，然后由宝宝关上龙头。

3. 大人示范如何抹肥皂，将双手来回搓洗：洗指甲缝、指尖、指间缝、手心和手背。

4. 搓好后，妈妈请宝宝打开水龙头，跟宝宝一起将手上的肥皂沫完全冲净。

5. 关上龙头，各自用各自的毛巾将手擦干。

6. 妈妈说："闻闻宝宝的手香不香。"然后，闻闻宝宝的手，说："真香。"

大人要把洗手的步骤仔细的交给宝宝，让宝宝记住这些步骤。寒冷的冬季，还要教给宝宝，洗好手后涂上润手的油膏。

4 承诺的事情要做到

孩子天生就有对秩序感的追求，在建立外在秩序的同时，孩子也会将注意力放在内在秩序的发展中。比如孩子坚持信守承诺要将玩具还给同伴，是为了遵守了自己的内在秩序，当他最终将玩具枪还给同伴，他就用自己的行动执行了这种秩序。

只有通过这个过程，孩子才能将秩序感真正的构建起来。自己和环境的关系变得确定和明晰起来，孩子就会信任环境、维护环境，并愿意主动与环境交流，这正是人类主观能动性的基础。

秩序还是儿童社会化发展的基础，一个有着良好内在秩序的孩子，会在学习和生活中形成程序意识、规则意识、独立意识和契约意识，提高自制力、忍耐力，养成守信、诚实等品质，这会让孩子在长大后的人际交往中表现得更加灵活自如。

"承诺的事情就要做到。"对于处于秩序敏感期的孩子来说，没有一句话是小事，他们已然把信守承诺这个规则变成了自己内在的秩序。这种内在的秩序是发自内心的自律，这正是文明社会的基础，在孩子长大以后，内在的秩序就会转化为道德。因此，内在秩序感的建立将会影响孩子长大后的道德、情商、社会安全感以及智能状态。

对于秩序敏感期的孩子，家长不但要注意生活中的秩序，更要尊重孩子的内心，帮助孩子维护内在的秩序。而给孩子提供一个安定有序的人际交往环境，是对孩子最好的支持和鼓励。孩子在轻松、平等、民主的环境中更容易理解和掌握社会生存的法则，在行为中形成自律。

孩子不遵守游戏规则怎么办

孩子做游戏不守规则一般有以下几个原因：孩子不懂得玩游戏要守规则；游戏太难，超出孩子的能力；竞技性游戏失败的次数过多，丧失玩游戏的积极性和耐心；孩子好胜心太强，急于求成。

针对以上几个原因，家长可以这样指导孩子玩游戏：

● 仔细给孩子讲解游戏规则，并告诉他玩游戏的前提是遵守规则，特别是和其他小朋友一起玩竞技性游戏的时候。

● 选择适合孩子年龄段的游戏陪孩子玩，不能过于简单或者复杂。

● 如果孩子总是输，家长可以稍微放水，让孩子赢两次，让他重拾信心，或者跟孩子讨论游戏的玩法，教他怎样玩容易赢。

● 对于好胜心过强的孩子，家长不要给他强化输赢的观念，要将他的注意力引导到游戏的趣味性上来，告诉他如果不守规则，游戏就不好玩了。

● 家长应该在做游戏的过程中教会孩子"公平"和"秩序"的概念，如果宝宝违反规则，可以教孩子换一个角度思考问题："宝宝，如果和别的小朋友一起玩，别的小朋友违反规则，你还会愿意跟他玩吗？你愿意做这样一个招人嫌的孩子吗？"

懂得遵守游戏规则，才能在生活中遵守社会规则和人际规则。因此，家长不要小看教宝宝遵守游戏规则这件事，这对孩子将来融入社会、为人处世也会有深刻的影响。

培养宝宝守信的 5 种做法

★ 说到做到，注意提醒宝宝遵守自己的承诺。如果经过再三努力仍没有做到，应诚恳地向对方说明原因，表示歉意。

★ 父母一定要遵守平时对孩子说过的话，不要失信于孩子。

★ 不要逼迫宝宝作出承诺，以免宝宝产生畏难情绪。

★ 当孩子诚实守信用时，父母要及时鼓励孩子。

★ 若宝宝不遵守诺言，可以适当让宝宝体验一下不守信用对别人和自己带来的伤害。

点滴细节,帮助孩子完善自制力

1. 从"他制"到"自制"

孩子太小还不能判断和评价自己行为的适宜度,家长就要制定一些必要的"家规",提醒孩子"要这样做"、"不要那样做",让其明白为什么要这么做。需注意一点,规矩贵精不贵多,以免引起孩子反感。

2. 循序渐进,允许孩子犯一些小错误

自制力的养成需要一个过程,不能一蹴而就。当孩子偶尔打坏东西、提一些过分要求等,父母应当有足够的耐心,宽容一些,粗暴行为只会让孩子产生反抗情绪。

3. 奖励已形成的自制力

适当的精神和物质上的奖励是孩子坚持的动力,家长可以多赞赏孩子,"宝宝真是个小男子汉,能遵守约定"!并定期买点小礼物给宝宝一个小惊喜,鼓励他的行为。

4. 在游戏中培养自制力

让孩子多玩玩哨兵站岗、士兵训练的游戏,跌倒了不许哭,站着也不许随意走动等,可以很好地培养孩子自制力。

5. 实施"契约教育",建立合理的家庭制度

家长跟孩子定好规章制度,比如阅读、吃饭、玩游戏、看电视,上床睡觉的时间等。规矩一旦定下来就不许变动,孩子和家长一起遵守。若违规,就要受到相应的惩罚,以表明制度的威严。

培养宝宝自制力的两个游戏

木头人不许动

爸爸妈妈和宝宝围成一圈坐下，然后一起叫口令："123 我们都是木头人，1 不许说话，2 不许动，3 不许抱娃娃！动动就是小蜜蜂！"口令完毕，三个人立即保持静止状态，无论本来是什么姿势，都必须保持不动。

如果一个人先忍不住说话，或者笑，或者行动，这个人就违反了游戏规则，另外两个人轻轻打他手心作为惩罚，并且叫口令："你为什么欺负木头人，木头人不许说话不许动！"开始下一轮木头人游戏。

训练宝宝对自己身体的控制能力，锻炼其忍耐力、意志力和自制力，培养宝宝的规则意识和幽默感。

挑棍

选一处平地，准备一大把小细棍，两个宝宝席地而坐，把手中的小细棍在一定高度上撒下，然后一根一根取出，抽取的时候只能拿一根，碰到别的棍儿算输，轮到对方抽。抽出的归自己，最后看谁的棍多谁就赢。

这一游戏可很好地训练孩子的观察力、判断力、自制力和忍耐力，启蒙其结构力学知识。

> **TIPS：**
> 自制力是一种自我克制的能力，克制能力的优劣能够决定人的心理品位、健康状况、智能的发挥程度。人的自制力虽然带有先天性，但后天的影响、教育、自身修养更为重要。自制力的培养跟其他能力的培养一样，应该是越早越好。

5 配对找朋友

宝宝一出生就被包围在一个完全陌生的世界中,周围的一切东西都是未知的,不熟悉的,然而在短短的三四年之后,宝宝就已经能认识上百种不同类别的物体,例如玩具、衣服、食物、车辆等等。在宝宝的头脑中,这些数量日益增长的物体是如何组织在一起的呢?

经研究发现,孩子对物体有了认识之后,对于物品间相互的关系也就有了初步的了解。在不断地探索中,学会了分门别类地把认识的物体区分开来,从而有效地储存在脑海中。

现代认知心理学认为,分类能力是衡量智力的一个重要标志。孩子掌握分类对于他们以后学会推理、辩论以及形成数概念具有非常重要的作用。因此,为了培养孩子的逻辑思维能力,首先应该让他们学会正确分类。

与孩子玩实物配对、图片配对的游戏,能提高其对于小动物、水果蔬菜、日常用品等的认知,促进孩子对于空间、形状、颜色的潜能开发,有助于从形象思维向逻辑思维的发展。

需注意的是,与孩子玩配对游戏,需要与实际生活中随处可见的物品联系,不宜过难。因为处在这一年龄阶段的孩子生活经验并不十分丰富,若难度大,只能适得其反。如果难度适中的话,就会促进幼儿思维的发展。

儿童分类能力发展特点

年龄	分类能力发展特点
0～3岁	基本上不会分类。
3～5岁	处于由不会分类向开始发展初步分类能力的过渡时期，此时宝宝主要依据物体的感知特点和具体情境分类。
5.5～6岁	有了从依靠外部特点向依靠内部隐蔽特点进行分类的显著变化。
6岁以上	开始逐渐摆脱具体感知和情境性的束缚，能够依物体的功用及其内在联系进行分类，分类和概括水平有一定的发展。

训练宝宝分类能力的5个游戏

缤纷果篮

游戏目的： 促进宝宝按颜色分类的能力，学习各种颜色的名称。

游戏准备： 准备几个容器，比如一个红色小桶、一个黄色小盆、一个绿色水果篮；再准备一些红的、黄的、绿的蔬果。比如红苹果、西红柿、胡萝卜、香蕉、柠檬、黄瓜、青菜等。

游戏方法： ①让宝宝把蔬果按颜色分类放置，把红色的蔬果放到红色的桶里，黄色蔬果放在黄色的小盆里，绿色蔬果放在绿色的水果篮里。②家长要注意跟宝宝强调色彩的一一对应，如果宝宝认识颜色就直接要求，如果宝宝还不清楚就告诉他要放到"一样颜色"的地方。

大鞋小鞋

游戏目的： 锻炼宝宝按大小、长短、高矮等分类整理的能力。

游戏准备： 大鞋子和小鞋子若干双。

游戏方法： ①先拿出一双大人的鞋子和一双宝宝的鞋子给宝宝看，跟宝宝说："大鞋子'大'，小鞋子'小'。"然后让宝宝模仿着说"大"与"小"。②再拿出鞋柜里所有鞋子，让宝宝按大鞋与小鞋区分后，再分类整理回去。

图形宝宝找家

游戏目标： 巩固对圆形、方形、三角形的认识，发展宝宝的观察力和初步归类的能力。

游戏准备： 圆形、三角形、方形图形饼干若干（或三种图形的其他物品）、三种图形卡片各一张、小筐三个。

游戏方法： 1. 成人和宝宝一起分享图形饼干，边吃边引导宝宝说出图形的形状。三角形长的什么样子？圆形又是什么样子的？方形呢？（成人逐一引导宝宝巩固复习图形的主要特征）

2. 成人再次提供三种图形的饼干若干。"妈妈这里还有很多图形宝宝，可是它们找不到自己的家在哪里了，请你帮它们找到自己的家吧。"

3. 随后，出示圆形、三角形、方形图形卡片和三个小筐，告诉宝宝："你看，图形妈妈们特别着急，快送它们回家休息吧。"

4. "先让图形妈妈回到它们自己家里，等宝宝回家吧！"成人引导宝宝先将图形卡片对应小筐摆放，然后引导宝宝拿一个图形饼干送到相应的"图形妈妈"小筐里，送一个图形说一句话："我把××宝宝，送给××妈妈。"

5. 宝宝操作结束，成人要及时给予鼓励和表扬，也可用角色中的口吻表达："图形妈妈们特别感谢宝宝，帮它们找到了自己小宝宝。"

配配对，找一家

游戏目标： 通过视觉及触觉区分，培养宝宝的分类及判断能力。

游戏准备： 几个大小粗细不同的螺丝钉和螺丝帽。

游戏方法： 1. 家长和宝宝面对面坐好，家长将螺丝钉和螺丝帽分散放在桌面上，让宝宝通过观察区分不同，将螺丝帽和螺丝钉进行第一次分类。

2. 让宝宝通过视觉和触觉，分辨大小不同的螺丝帽和螺丝钉，再加以细分。

3. 家长和宝宝进行比赛，看谁最快把螺丝帽和螺丝钉正确的扣在一起。

糖果分分家

游戏目标： 锻炼宝宝的分类能力、逻辑思维，为将来的学习打下良好基础。

游戏准备： 几对形状大小不同的糖果，有圆形、有长形、有方块形等。

游戏方法： 1. 家长和宝宝面对面坐好，家长拿出糖果，让宝宝辨别每一对糖果是什么形状。

2. 家长把糖果打散，让宝宝挑选出每一对糖果。

3. 宝宝熟练后，开始用不同的糖果进行搭配，比如圆形糖果是一对，或者长形糖果是一对等。如果宝宝能正确地完成游戏，可以奖励宝宝吃一粒糖果。

6 有了初步的归纳能力

一些细心的妈妈发现，孩子在观看电视节目的时候，看得津津有味，注意力可集中了。但若节目结束后，问他刚才讲的是什么内容，孩子往往沉默无语，茫然一片，或者干脆摇头说不知道！

孩子之所以会这样，原因在于没有养成归纳和总结的好习惯。

归纳是指从一定数据、资料、事实中提炼出所需的信息、结论，由一系列具体事实概括出一般原理的推理方法。归纳能力则是指这种提炼信息、概括大意、透过现象看本质，把事物的相同点、要点找出来的能力。例如，鸡会走，马会跑，兔会跳，鱼会游，鸟会飞，蚯蚓会钻，所以，凡是动物都会动。

科学的认识活动总是从认识个别事物开始，然后认识事物的普遍规律。归纳正是从个别到一般，从特殊事例到一般原理的科学思维方法。同时，世界上的万事万物，又都按某种属性归属于一定的门类，物以类聚是归类的客观依据。归类既可使知识系统化，更有利于发展孩子的概括能力。

早期启蒙教育中，有意识地让孩子学习归纳归类的思维方法则十分必要。

培养归纳能力，家长要多参与

1. 多带孩子玩，体验多彩的世界

思维始于感知，感知越丰富，思维就越活跃深刻。多带孩子出去旅游、散步等，可以极大地提高孩子的感知能力和归纳能力。

2. 认真对待孩子的提问

幼儿期是孩子积极探索的时期。他们爱问"这是什么"、"怎么样"、"为什么"等问题，成人要准确耐心地解答，满足孩子的求知欲望。

3. 与孩子进行对答比赛

家长可以经常和孩子比一比，看谁说得又多又快：什么动物地上走？什么动物天上飞……或者出示诸如鸡、鸭、鹅等图片，说一说它们叫什么，身上都长着什么，让孩子在快乐的对答中学习归纳归类，掌握家禽、家畜、野兽等概念。

4. 放手让孩子快乐地探索

家长要学会放手，不要限制太多，这不行那危险，而应积极创造条件，让孩子在玩中自己快乐地去进行探索。

7 爱上数指头

数的概念比实物概念更加抽象，宝宝掌握数概念比掌握实物概念要晚，也比较困难。宝宝在3岁时，从口头数数开始初步掌握了数的概念。数概念形成的关键期是在4~5岁。

3岁以后，宝宝有了初步的数概念，可以在成人的指导下进行20以内的口头数数，可是对数的实际意义并不理解，只是像说顺口溜一样地数出来，仅仅是一种凭机械记忆而产生的单纯语言转述。

随着儿童数概念的发展，他们逐渐地学会了按实物数数，能正确地数出5以内的物品；逐渐发展地可以比较5以内的"多"、"少"和"一样多"；逐步懂得5以内数的顺序及5以内数的组成；继而能按要求找出一定数目的实物，比如可以从5块糖中拿出2块来，或将3个梨分给3个人吃，每人吃1个等。

数理逻辑能力强的宝宝通常对数字很敏感，喜欢计算，很容易理解数学概念，能够有效地运用数字和逻辑推理，对做实验、猜谜语等逻辑思维性比较强的活动很感兴趣。

4岁宝宝通常已经能够掌握30以内的数数，对10以内的减法基本能够顺利掌握。这个阶段的宝宝，对图形的拼合也能够掌握，比如说这个时期的宝宝能够将三角形放在一起，拼成正方形、长方形或者菱形。最明显的就是，这个时候的宝宝，在玩七巧板这样的玩具时，要比从前得心应手得多，而且常常有很多自己的新组合。

经过半年多的学习，宝宝在点数方面也有了长足进步。这个时候的宝宝，通常已经能够了解点数的对应，一个物品对应1这个数字，两个物品对应2这个数字。如果做个小测试，我们会发现，宝宝基本可以掌握8以内的点数，并了解这些数字所代表的物品的多少等等。

结合宝宝数理逻辑能力的发展特点，我们在这个时候应该着重让宝宝学会点数，帮助宝宝一步一步树立数的概念，这也是一个需要长期奋战的教育过程，爸爸妈妈千万不能懈怠。

8类游戏培养宝宝数学逻辑智能

1. 数数楼梯的台阶

父母可带领孩子一级台阶一级台阶、一层一层地数数楼梯的阶数,在不知不觉攀爬楼梯的过程中,孩子的数学逻辑智能也会有所提高。

2. 考推理

你和宝宝准备一起吃早点了,但还没有把早饭盒揭开,父母可让孩子猜一猜:"猜猜看,咱们今天早点吃什么?你希望是馒头还是包子?" 这种方法可提升孩子的数学逻辑智能。

3. 认路

带孩子回家时,面对四通八达的各条马路,家长可以让孩子分辨并记忆,找出各条路的特点及不同之处,学会利用参照物来认路,以便提高孩子的观察力。

4. 数门牌

在走楼梯回家的路上,还可以指导孩子数门牌号码,能强化孩子的数字概念,对提升数学逻辑智能很有帮助。

5. 学认时钟

每天起床睡觉时，家长可以借机教孩子认识时钟上的时间。这可以培养孩子的数学能力，而且孩子在不知不觉中还能了解时间。

6. 和孩子一起数玩具

收拾玩具时，父母可以先和孩子一起数玩具，数完一件放好一件。孩子通过模仿就能知道数数的顺序，以后自己就会数和放玩具了。

7. 看商品标价

逛商场时，父母可以引导孩子一起看看商品的价格标签，然后再和孩子算一算，买两件要多少钱，妈妈有10元钱，够买几样……这能使孩子对金钱有个最初的概念，也能极大地提升他的数学智能。

8. 穿了几件衣服

父母还可以根据一年四季的变化，和孩子一起数数每个季节大概穿几件衣服，比如夏天穿单衣1件，秋天穿内衣＋毛衣＋外套共3件，冬天穿内衣＋毛衣＋外套＋羽绒服共4件。通过这一游戏，让孩子从具体的生活经验中提升数学智能和本体感觉，认识自然。

从口头数数到按物点数

宝宝口头数数的能力通常只是一种对数字机械记忆的结果，从口头数数到按物点数的发展，才标志着宝宝数的概念的真正确立。

在家里，爸爸妈妈可以有意识地培养宝宝自己去分发物品，比如要求宝宝给爸爸两个苹果，给妈妈一个苹果，给爷爷三个苹果等等，或者告诉宝宝原来有三个苹果，又拿来两个，让她数数总共有几个，从而灌输"3+2=5"等加法的概念。还可以利用宝宝身边的小玩意，将宝宝的玩具按照数字顺序分成几份，让宝宝进行点数。

孩子拥有数学能力的 5 大特征

★ 喜欢与数字有关的游戏。

★ 喜欢数数，有自己喜欢和讨厌的数字。

★ 记忆力很好，什么事都喜欢问个究竟。

★ 会执著于过去没有解出的问题。

★ 可以进行简单的数学逻辑推理。

引导宝宝的加法运算

刚开始教宝宝加法，可以先拿几个苹果放在桌子上，让宝宝数一数，桌子上一共有几个苹果；然后再拿出一个或几个苹果，和桌子上的苹果放在一起，再让宝宝数一数，桌子上的苹果变成了几个。

家长可以引导宝宝说："原来桌子上有三个苹果，妈妈又拿来两个，三个和两个放在一起是五个，那 3 加 2 等于几啊？"宝宝通过自己的推理和思考，会慢慢明白加和等于的意义。妈妈还可以掰着宝宝一个手指头，跟宝宝说，宝宝现在伸出一个手指头，如果再伸出一个，是几个啊？这样宝宝会下意识地去掰掰自己的手指头，自己得出答案。以后遇到加法，也习惯于用掰手指的方法寻找答案了。

等孩子熟练掌握 10 以内的加法后，就可以增加难度，比如让孩子数数几个玩具盒里的玩具，看看总共有多少个。

经过一段时间"掰手指加法"的练习之后，家长可以要求宝宝进行心算，不再让宝宝掰着手指进行点数，而是要让他们通过抽象思考直接得到答案。一开始宝宝们或许还会常常出错，但熟能生巧，和宝宝一起经常练习，宝宝的计算能力就会不断得到提高了。

Part 7
人际交往敏感期,孩子融入社会的契机

能够安静地听别人讲话,理解、安慰和关心别人,喜欢和小伙伴玩耍等是幼儿必备的人际交往能力。这些能力需要家长耐心培养,只有有意识地教给宝宝一些交往的技能,才能让宝宝成为受同伴欢迎的人,在交往中得到快乐。

婴幼儿早期人际关系智能特点

年龄	人际交往特点	具体表现形式
1~2岁	带有很强的模仿性	通过模仿成人的言行举止,理解周围的人,探索周围的社会,分享周围人的行为状态,并在模仿周围人的态度、行为的过程中,注意到自己的行为和别人是不一样的,开始寻找"自我"。
	借助动作交往	掌握的词汇不是很多,不能用完整语句来表达自己的意愿和要求,因此在交往中一般会利用自己的嘴、手、脚、身体的移动伴以语言或词句来表达自己的需要,例如用点头和双手表示你好、谢谢、再见等。
2~3岁	易受成人影响	处于口语尚不完备的前语言阶段,还不具备足够的逻辑思维能力来接受父母的语言教育,他们较多地是通过成人的感情、声调、姿态和表情辨别是非、对错,所以他们的交往容易受父母态度的影响。
	易被食物、玩具吸引	容易对新奇事物尤其是食物、玩具感兴趣,同伴间的交往往往是从被同伴的食物、玩具吸引开始的。
	初步学会用语言准确表达自己的需求	词汇量大大增加,能用语言准确表达出自己需求,但有时也用推、踢、打等方式表达需要,造成小伙伴之间的误会与冲突。
3~4岁	喜欢角色扮演游戏	在角色游戏中,孩子们通过对现实生活的模仿,再现社会中的人际交往,练习社会交往的技能,提升人际智能,并初步学会"换位思考"。
	自我中心化	以自己的需要作为唯一衡量事物的标准,并逐步出现各种亲社会行为,例如社会性微笑,对难过的小朋友进行关注和安慰,能在大人间的指导下提供帮助行为。
	能主动有分享行为	能够主动和同龄人分享自己喜欢的食物和玩具等。但与小伙伴还不能形成友谊关系,主要以食物和玩具等物品与小朋友发生交往关系。
4~5岁	对朋友的理解比较浅显	当问他们"为什么喜欢××"或"为什么××是你的好朋友时",回答多是"我们常在一起玩",认为朋友就是一起玩耍的人。
	建立起了最初的友谊	在行动和认知上和同龄人产生某种共同性,从而建立起初步的友谊。
5~6岁	有了主动交往需求	能根据喜好和兴趣主动结交同龄人。
	合作意识增强	有了合作意识,另外集体感和团队意识也大大增强。

1 家有"黏人精"

从宝宝半岁起,你慢慢发现他变成了一个黏人的家伙,他总是让你陪在身边,假如你打算离开,他会立刻丢下手中的玩具,咧开嘴大声喊叫;假如你去了另一个房间,他会哇哇大哭,直到你匆匆赶回来为止。宝宝为什么这样?他是不是有点儿太黏人了?

其实这是孩子发育过程中的必经阶段。刚出生时,宝宝认为妈妈是自己的一部分,到了6个月左右,他就逐渐认识到妈妈和自己是不同的个体,并意识到妈妈有可能与自己分离,焦虑感由此产生,这种在与妈妈分离时感到恐惧和焦虑的症状被称为"分离焦虑"。

当他开始变得黏人(往往是妈妈)时,说明他对妈妈的一举一动非常在乎,唯恐你离开他的视线。这种焦虑感会越来越严重,以至于即使只是片刻独处,孩子也会号啕大哭。到了14~16个月大时,黏人表现得更为严重,并且还将持续上一段时间。

有些父母在孩子哭闹时会这样恐吓孩子:"你再哭,妈妈就不要你了!"即使是假装离开,也会让宝宝的心灵受到创伤,以为妈妈真的不要自己了,这种做法给孩子的心理造成很大的伤害,大大破坏了孩子的安全感。如果假装遗弃孩子,那孩子会认为,最值得信赖的人都不要自己了,保护自己的人没有了,这对于他们幼小的心灵是很大的伤害。依恋关系遭到破坏的儿童,会出现行为退缩、敏感、自卑的表现。

作为替代妈妈照顾宝宝的人,这时应当怎么做呢?置之不理,让他自己哭去,过一会儿就好了?或者心疼着急,又哄又抱?这些办法只能起到短暂的功效。

最好的方法是设法给宝宝安全感。对月龄小的宝宝可以给他一件妈妈的衣服或物品,对大一些的宝宝就要让他明白妈妈不是不见了,她很快就会回到宝宝身边。

0~3岁依恋关系发展阶段

第一阶段：出生~3个月	宝宝对所有人都一样，会对任何人微笑。
第二阶段：3~6个月	宝宝开始建立真正的依恋关系，能够辨别熟人和陌生人，选择性的依赖和亲近照顾他的人。
第三阶段：6个月~3岁	对妈妈"情有独钟"，很少与妈妈以外的人亲近，把妈妈视为唯一的依靠。

害怕陌生人是正常现象

随着宝宝慢慢长大，会对不同于自己的外部世界感到恐惧，这就是"认生"。这也是孩子能够区分妈妈和其他人以后的自然现象。宝宝在周岁内，听惯了爸爸妈妈的声音，闻惯了妈妈的气味，和家人用同样的方式吃饭、睡觉，已经形成了一种很有安全感的生活。这样的有规律的生活对宝宝的成长发育非常重要，一旦这种生活被打乱，宝宝就会感到慌张。

这种害怕每个宝宝都可能会遇到，但不同气质的孩子对认生的反应程度也不一样。一般来说，性格内向的宝宝比外向的宝宝更容易对陌生的环境和人产生害怕的情绪，体弱易生病的宝宝也比体格健壮的宝宝更容易认生。

宝宝开始接触陌生环境时"胆子小"并不表明他性格孤僻，有恋母或者恋父情结，父母要以平常心对待，正确地引导宝宝多接触陌生环境，多与陌生人交往。妈妈还要站在孩子的立场去理解孩子由此引发的哭闹行为。

家长可以带宝宝融入人群。公园、广场、游乐场等都是年轻妈妈和宝宝们聚集的场所，妈妈可以经常带宝宝到这些地方玩，并融入其中。这些场所都是轻松、愉快的，宝宝很容易交到朋友。父母要在能够保护的范围内，尽量充分的满足孩子的好奇心。

但值得注意的是，父母们不要为了克服宝宝的认生，便强制性地把孩子带到陌生人面前，这种做法只会给孩子带来很大的压力，使孩子越来越焦虑。

> 当宝宝被陌生人逗引而害怕以至于哭泣时，父母千万不要责怪宝宝，而是要安慰他，给他温柔的拥抱，让他感受来自父母的关爱，让他有安全感。父母的安慰和鼓励也是宝宝再次建立信心的基础。

巧妙化解孩子分离焦虑

分离焦虑是宝宝出生后要经历的第一个难关，如能顺利地渡过这个难关，宝宝以后的发育就更能水到渠成地完成。等宝宝出生后24～36个月，分离焦虑就会得到缓解。但随着环境的改变或者疾病的影响，宝宝的分离焦虑也会更加严重。

宝宝因忍受不了分离焦虑而大哭大闹，此时，妈妈置之不理只会使问题加重。孩子本来已经因为看不到妈妈而感到不安，妈妈这样做会加重他的焦虑感。

面对宝宝的分离焦虑，妈妈应该怎么办呢？

在准备出门前，妈妈要提前告诉宝宝——你要去哪里，什么时候回来——能具体到几点最好。第一次、第二次很可能没成效，但次数多了，宝宝就知道在某个固定时刻妈妈就回来了，他才会明白妈妈并不是离开他了。

妈妈回到家后放下其他事情，先和宝宝待上一会儿，抱着他，和他说说话，陪他玩一会。说什么玩什么无关紧要，重要的是要让宝宝感到你并没有忽略他。

平时多带孩子到外面玩，让孩子感受大自然和更多有趣的事物，既开阔了视野，也能让孩子变得开朗随和，不认生。

平时有意识地同他玩"捉迷藏"的游戏。你躲让宝宝来找，等他找不到时你说"我回来了"！让宝宝明白看不见妈妈只是暂时的。

教宝宝学说："妈妈出门去哪儿了？去上班。妈妈什么时候回来？下班后。"等等，帮助宝宝慢慢习惯你不在身边的感觉。

TIPS：
平时妈妈要创造机会让宝宝习惯多人照顾，比如和爸爸妈妈以及其他家人一起做游戏，给孩子亲近爸爸和其他家人的机会，这样也会缓解孩子与妈妈的分离焦虑。

对待黏人宝宝 3 种正确做法

1. 自己要保持冷静

爸爸妈妈应该冷静面对孩子的情绪反应，当宝宝哭闹、情绪不稳定时，家长要先做好孩子的榜样，控制好自己的情绪，不要随便对宝宝发火。当宝宝哭闹时，爸爸妈妈可以不说话，不发表任何意见，只是安静地慢慢走到孩子面前，轻轻抱着他，有节奏地轻拍宝宝的后背，让孩子感觉到你的冷静，降低他哭闹的情绪。

2. 避免不当管教

面对黏人孩子，有的家长视若无睹，不仅不加理会，还会继续做自己的事，把孩子放到一边不理。有的家长为了哄宝宝，随意拿吃的、玩的给哭闹的孩子，希望他能停止哭闹。其实这都是不当管教，相当于变相鼓励宝宝的这种哭闹行为。如果你经常这么做，就别抱怨，你的宝宝总是爱哭闹爱磨人了，因为都是你惯出来的。

遭遇"黏人精"宝宝，爸爸妈妈最重要是要有耐心，还有就是要有技巧，只有用爱来关怀宝宝，善用技巧来引导宝宝，你的"黏人精"宝宝，会随着年龄增长越来越懂事，变得不再磨人。

3. 学会接纳宝宝的负面情绪

爸爸妈妈要学会接纳宝宝的负面情绪，尊重孩子表达自己情绪的权利。要知道，宝宝也有自己的喜怒哀乐，要正确地了解宝宝不稳定的情绪背后想要表达的意思。只有在尊重的基础上，家长才能引导宝宝学习表达和处理情绪的方法。冲动地责骂孩子，甚至生气地破口大骂，用威胁、恐吓的方式叫孩子立刻停止哭闹，强迫、限制孩子不准哭闹，都是压抑宝宝正常的情绪表达，对宝宝的心理健康有害，也无法让宝宝懂得和学会处理自己情绪的方法。

2 离不开自己心爱的玩具

3～4岁的宝宝常常抓着已经用得很脏很旧的东西不放，或者对着心爱的玩具比如小汽车、小兔子、布娃娃等悄悄倾诉，还会放在身边爱抚、亲昵。如果家长把这些东西从孩子手中拿过来，孩子就会不依不饶、大吵大闹。

类似这样的情况在3～4岁的宝宝中并不少见。一些年轻的爸爸妈妈往往对宝宝这种偏执的行为迷惑不解，甚至担心宝宝是不是有心理问题。

宝宝特别依恋某物（即安慰物）是这一年龄段幼儿生理、心理特点的一种正常反应。

安慰物对于宝宝来说，不仅仅是一个玩具、一块毛巾，而是他们适应这个新世界、新环境的情感支持，是他们适应陌生环境的情感拐杖，是宝宝获得安全感的一种方式。

它可以减少宝宝在陌生环境中产生的焦虑与恐惧的情绪，使他感到平静和松弛，帮助他更好地适应所处的环境。

一般情况下，只要宝宝情绪、行为等方面发育正常，宝宝对物品的依恋就不会是异常的，不会对宝宝的心理发展造成不良影响。宝宝到了4岁左右，随着心态的逐渐成熟、兴趣范围的扩大，对安慰物的依赖就会大大减轻。

不是每个儿童都需要安慰物，不过对需要安慰物的孩子来说，他们需要成年人的理解和支持。

父母需要做的是多多给予宝宝关心和爱护，尽早引导改正宝宝这一行为，以免造成宝宝恋物异常，进而发展成为恋物癖。

宝宝为什么会"恋物"

1. 缺乏安全感

随着宝宝一天天的长大，一般到了2岁，他就不得不无奈地接受一个现实，即"妈妈不仅仅属于自己"。对于妈妈短暂地离开自己这一事实，宝宝开始学会平静地接受，不再一味地大吵大闹。

但这一时期的宝宝心理以及生理毕竟还不成熟，就迫切地需要一个与自己紧密相连的物品作为母子依恋的替代品，如毛绒玩具、毛巾等安慰物，或者用咬指甲、吮手指等行为来给予自己一些安慰，帮助自己摆脱不安全感。

2. 逆反心理使然

宝宝恋物，还有一种情况就是宝宝本来没有什么恋物行为，但大人一见宝宝对某种物品特别喜爱，担心宝宝会恋物，于是就加以反对。这一蛮横的做法，反而激发了宝宝的逆反心理，偏要恋物给大人看。

3. 喜欢舒适的触感

父母若仔细观察，就不难发现宝宝依恋的对象往往是那些柔软、摸起来感到非常舒适的物品。人类天生就对柔软、舒适的物品具有好感，从而表现出"恋物"的行为。大人也不例外，何况是幼小的宝宝呢。

4. 成长的标志

宝宝可以随意、随时控制他的安慰物。这一事实带给他一种全新的感受，容易使他产生一种独立感和成就感，让他逐渐意识到自己已经"长大"的事实。另外，在控制安慰物的过程中，宝宝也会进一步学习控制自己的情绪，使自己更加适应周围的环境。

最易让宝宝依恋的物品

我们知道了宝宝为何恋物的原因,再来看看宝宝都容易对哪些物品产生依恋吧。

1. 乳房、奶瓶

吃是人类最基本的生理需求,宝宝对这点尤其敏感。一旦宝宝的这种需求没有得到充分满足,那么宝宝就会对与吃有关的物品格外关注和重视,进而对乳房、奶瓶等产生强烈的依恋之情。

2. 指头、拳头

当父母长时间对宝宝关心不够或宝宝感到焦虑和紧张时,便会退回到婴儿时期,用吸吮来满足口腔的欲望,以减少其内心的忧虑,获得安慰感。而指头和拳头是最方便满足宝宝吸吮欲望的东西,所以就渐渐养成了依恋指头、拳头的习惯。

3. 毛毯、袜子等柔软物品

毛毯等柔软物品也是宝宝最容易迷恋的物品,而且必须是那种宝宝长期使用的、稍微有些破旧的柔软物。为什么会这样呢?除了它上面有宝宝熟悉的味道之外,还因为毛毯之类的柔软物能传达出令人心安的讯息,给宝宝带来温暖、舒适的触觉联想,让他回忆起妈妈的温柔细语和精心呵护。

4. 玩具

宝宝一天天长大,自主意识越来越强,想寻求自己能够完全掌控的物体,以此来寻求心理上的安全感。这时,玩具便成为最好的选择。

5. 照顾者的身体

每天细心照顾宝宝的人的身上某部位也常成为宝宝特别依恋的对象,如耳朵、手、头发等。比如,某些宝宝特别喜欢妈妈的头发,每天只有玩着妈妈的头发才能安心入睡。

正确对待宝宝的安慰物

父母只有付出足够的时间和耐心，让宝宝获得充盈的爱时，他的内心才会建立起不需要外界慰藉物的安全感。如果宝宝有了恋物行为，父母又该如何对待呢？下面是正确对待宝宝安慰物的8种做法，父母可以参考一下。

1. 宽容地看待宝宝的恋物行为

作为大人，应对宝宝的恋物行为持有宽容的心态，不要因为宝宝的这一倾向，就乱扣帽子认为他有心理问题，甚至嘲笑或责骂他。这样只会适得其反，让宝宝更加没有安全感，从而愈发恋物。

2. 多准备些替代物

当宝宝喜欢一样东西时，不妨多给他找一些替代物，或尝试以一些有益的活动来转移他的注意力。当宝宝喜欢的东西很多，或爱上了一些有趣的活动时，他的恋物习惯就难以维持了。

3. 多点关爱和拥抱

宝宝之所以恋物，大都是因为缺少父母足够的关爱和爱抚所致。拥抱、拍抚等身体的接触既可以解决宝宝的"皮肤饥饿"，也是无条件关爱与宽容的暗示信号，会让宝宝感觉到父母一直在保护、照顾着他，从而使其建立起极强的安全感。

4. 锻炼宝宝的独立性

要想彻底改变宝宝的恋物行为，父母应采取积极的教养方式，减少宝宝对父母的依赖，不过度溺爱宝宝。比如，通过各种游戏增强宝宝的心理承受能力，锻炼他的独立性等。只有使宝宝形成健康积极的性格，才是解决问题的根本。

有些安慰物不利于宝宝的身心健康，应尽快替换，如奶瓶、手指等。但一定要注意方式方法。在经过适当的处理之后，宝宝正常的依恋行为并不会影响到人格的正常发展。可是一旦处理不当，幼童时期遭遇到了挫败，则会给宝宝的成长留下不可磨灭的阴影。在帮助宝宝克服恋物习惯时，有些家长喜欢采用比较强硬的手段，比如涂抹辣椒让宝宝戒除奶嘴、强迫宝宝与依恋物分离等，结果反而得不偿失，遭到宝宝更强烈的反抗。

5. 分散恋物情节

父母不妨通过鼓励宝宝勇于探索、扩大宝宝的兴趣范围等手段，来转移宝宝对安慰物的注意力。宝宝喜欢的东西增多了，单一恋某种物品的习惯就难以维持了。

6. 尊重宝宝的生活习惯

宝宝的自主性比较薄弱，轻易改变宝宝的生活习惯，如吃饭和洗澡时间、顺序的改变等，会扰乱宝宝认识世界的方式，从而引发其焦虑情绪，使其产生不安全感。

7. 不要一味地给宝宝讲大道理

宝宝的恋物行为，只是下意识的举动，他目前的自制力还不足以让自己改掉这一行为，这与他是否明晓事理无关。父母若喋喋不休地说教，给他阐述恋物的不好之处，反而会更加使他惶恐不安，进一步强化宝宝对安慰物的依恋。

8. 不要强行丢掉宝宝的安慰物

父母如果粗暴地阻止宝宝的恋物行为，强行丢掉宝宝的安慰物，则会进一步加剧宝宝的神经紧张，消极地强化了宝宝对"替代物"的依恋，甚至会带给宝宝更多的不安全感，不利于宝宝的心理健康。

3 "这是我的！"

宝宝一天天长大，家长会发现1岁多的宝宝也懂得护着自己的东西了，再从他手里拿走什么东西的话，可不是那么容易了。

即使经过你的劝说，他总算愿意让别人玩自己的玩具，然而下一秒他就反悔了。小家伙就会哭起来，而且他会因为意识到失去自己的玩具而哭得很厉害，得不到抚慰他就没有要停止的意思。

当别人把玩具还给宝宝时，他会因为玩具失而复得而破涕为笑、激动不已。看上去宝宝真是太自私了，是不是作为家长，你会因此感到难堪？

其实大可不必，因为这并不是真的"自私"。宝宝不许别人碰自己的东西，说明他产生了"我"以及"所有权"的概念，他只是出于本能保护自己的物品而已。

儿童在一出生时，他是没有自我的，他和世界是浑然一体的，儿童的成长过程就是一个自我建构的过程，在这个建构的过程中，最初儿童就是通过占有属于自我的东西来区分自己和他人的，当儿童占有了自己的东西，当这个东西完全属于他时，儿童才能够感觉到"我"的存在，这也是儿童自我诞生的标志。

可见，孩子只有通过认识"我的"，才能区分"你的"，才能理解基本的社交规则。假如宝宝没有在适当的年龄懂得这个规则，那么将来他融入集体时便会遇到困难。

这个阶段，宝宝自我意识正处于萌芽时期，仅仅懂得"我"的含义，对他们来说，只要是自己喜欢的东西，就是"我"的，而且基本上以个体活动为主，还不懂得与人分享。父母们应该满足这一需求，不谴责孩子的行为，才能给孩子提供一个良好的健康生长环境。

相信宝宝随着年龄的增长，在正确的引导下，他就能体会到与同伴一起玩的快乐。

三多原则，帮宝宝认识自我

要想让宝宝的自我意识快速发展起来，就要对宝宝进行适当而丰富的刺激。在培养宝宝自我意识的过程中，家长要注意以下三点：

1. 让宝宝多"看"

父母要想方设法引导宝宝多观察周围的环境，让宝宝的眼睛骨碌转起来，启发他逐渐意识到"这是我看见的"。

2. 让宝宝多"听"

父母要多对宝宝说话，最好伴以夸张的动作和表情，以便加深宝宝的印象。可以让宝宝多听些音乐和儿歌，引起宝宝对声音的兴趣，从而让他逐渐意识到"这是我听到的"。

3. 让宝宝多"动"

小手和小脚是宝宝重要的感觉通道，因而父母要有意识地多触摸宝宝的小手和小脚。通过碰触刺激宝宝手部、脚部的肌肉，引起宝宝做出相应的动作，这有利于他中枢神经的发育，让宝宝意识到自己四肢的存在，从而逐渐意识到"这是我的手和脚"。

加深宝宝自我认识的两个小游戏

7～8个月的宝宝，心智的发展水平已经很高，具有接受自我意识培养的天赋，所以爸爸妈妈可以和宝宝做做下面的游戏，帮助宝宝进一步树立自我意识。

指认眼睛

妈妈可以让宝宝看着画上的娃娃，握住宝宝的手指，指向娃娃的眼睛，说："这是娃娃的眼睛，宝宝的眼睛呢？"帮他指自己的眼睛。每天重复1～2次，经过7～10天的训练，当妈妈再说"眼睛"时，宝宝会用小手指自己的眼睛，这时妈妈应亲亲他，表示赞许。以后，可采用同样的游戏方法教宝宝认识自己身体的各个部位。

照镜子

妈妈抱着宝宝面对一块大镜子，对他讲："看看镜子里是谁呀？"宝宝开始会很奇怪，甚至去镜子后边看看，以后就会逐渐明白这就是他自己，开始了解实物和影子的不同。妈妈还可以让宝宝拿着个小鸭子，对他说："宝宝在玩小鸭子呢。"

另外，妈妈还可以指着宝宝的眼睛、鼻子、嘴巴、脸蛋等，让宝宝从镜子里感知自己的相貌。或者对着镜子做出微笑、皱眉、嘟嘴等各种表情，让宝宝模仿去做。

宝宝各阶段自我意识发育特点

阶段	特点
0～3个月	● 大部分时间都在睡觉，但一旦睡醒，就会通过嘬手指、转头、挥动手臂、踢腿等一些令自己快乐的动作来了解和接触这个新的世界。 ● 喜欢看妈妈的笑脸和红色的玩具，发出"啊、啊"的声音，有了初步的自我意识。
4～9个月	● 动作开始转向外部环境，喜欢摇铃等会发声的玩具；仍把自己的身体当做玩具来玩耍，喜欢嘬手指，用小手搬弄小脚丫，或者将小脚丫放进嘴里啃咬，并发出"咿咿呀呀"的声音。 ● 对着镜子，会显示出对镜中人物的兴趣，高兴地注视它、接近它，并咿呀作语，但还未意识到镜子中的宝宝就是自己。 ● 当大人给宝宝捡起掉在地上的玩具、重新递给他时，宝宝会有意地把玩具反复扔到地上，看着你再给他捡起来。在这一过程中，他们逐渐区分、意识到自己的动作和玩具之间的关系。 ● 宝宝已经能够表达出愤怒和生气的情绪，这一情绪可以进一步增加宝宝对自我的感受和体验。而大人对宝宝愤怒态度的反馈，又会促使宝宝进一步意识到自己可以成为使某种事物或情境发生变化的原因，这对他自我意识的发展起着重要的作用。
10～15个月	● 自我意识开始有了较快发展，凡事喜欢亲力亲为。例如，喜欢自己拿勺吃饭，拿杯喝水，拒绝大人的帮忙。 ● 在这一时期，宝宝能很容易地把接近他们头、手、脚的东西作为外部的东西和自己区别开；面对镜子时，会把其当做游戏伙伴来亲吻它、和它贴脸。 ● 13个月左右开始，宝宝便渐渐地能区分出自己和别人了，可以在全家人的合影中准确地找出自己。 ● 开始知道自己有名字这回事，对别人呼唤自己的名字能作出反应，并知道这一名字专属于他自己。 ● 能指认出自己身体的各部位，意识到自己身体的感觉。比如，他会指着自己告诉大人"这是宝宝的眼睛"或"宝宝饿了"等等。 ● 此年龄段的宝宝最黏人，希望妈妈总是陪在自己身边，对自己的要求有求必应。但若对他置之不理，也会逐渐习惯。
16～24个月	● 自我的认知随着对"他人"的识别和"他—我"识别的增加而快速发展着，能初步感受到别人的痛苦和不适，并能表示出同情的神态，这也为他们今后的人际交往奠定了基础。
24～36个月	● 开始掌握了代名词，如"你"、"我"。逆反心理增强，经常会说"不"，这是他自我意识快速萌芽的表现。 ● 会坚持自己的主张，开始反抗大人，不管做什么，总是要抢着自己来。如果一件事他付出了很大努力却不能完成，就会大哭大闹，这是他释放心理压力的表现。 ● 在大人潜移默化的行为影响下，宝宝开始朦朦胧胧地意识到男女性别的差异。

小测试：宝宝自我意识有多高

❶ 目前宝宝能认识几个身体器官？（只要宝宝能指认就行，可以不用说出名称。）

A.7个以下； B.8～12个； C.13个以上。

❷ 宝宝知道他认识的身体器官的用途吗？（这一问题，父母可通过提问来测试。例如，宝宝平常用什么吃饭？宝宝用什么听声音？可以不用描述用途，能指认出来即可。）

A．不太清楚； B．知道一半以上的器官用途； C．全部知道。

❸ 让宝宝把眼睛闭上，指示他自己用手摸摸头、鼻子、嘴巴、屁股、脚，宝宝能完成几样？

A.2样以下； B.3～4样； C.全部。

❹ 当你问宝宝他是男孩还是女孩时，宝宝能正确地回答出自己的性别吗？

A．不清楚； B．知道自己的性别； C．知道自己的性别，还能说出其他人的性别。

❺ 宝宝被东西绊倒的时候，有没有自我保护的意识并做出相应的保护动作？

A．没有，经常被摔到脑袋； B．有一点意识，会用手挡一下； C．有明确的意识，很少摔伤。

❻ 宝宝会明确地表达自己的要求吗？

A．不会，很少有； B．在玩的方面或是吃的方面会表达，其他方面很少会表达； C．经常这样，甚至能说出原因。

❼ 以下10件事，宝宝自己能做几样？

①脱裤子；②吃饭；③穿鞋（但可能分不清左右）；④系鞋带；⑤穿外套；⑥穿袜子；⑦梳头；⑧洗手；⑨收拾自己的玩具或书籍；⑩接水喝。

A.3件； B.4～7件； C.8件以上。

❽ 宝宝能从照片里找出所有家人吗？

A．只能找出爸爸妈妈，有时会把熟悉的叔叔、阿姨也当成家人； B．除了爸爸妈妈，还可找出经常接触的家人； C．能分清家人和外人，甚至能说出称谓。

❾ 宝宝参加集体活动时，能区分自己的物品并能保护自己的物品不被损坏吗？

A．不能； B．能区分一些，但不懂得保护； C．能明确区分并随时保护自己的物品。

❿ 若不提醒，宝宝会主动做以下哪几件事情？

①饭前洗手；②玩具脏了试图弄干净（可能直接放到衣服上去蹭）；③进屋主动脱鞋要求换拖鞋；④流鼻涕时要求擦鼻子；⑤食物上有脏东西拒绝食用。

A.1件； B.2件； C.3件以上。

评分标准：

1.A：0分， 2.B：1分， 3.C：2分。

测试分析：

1.0～6分：说明宝宝的自我认识能力有待提高，父母应尽可能多地创造机会培养宝宝的自我意识。

2.7～14分：说明宝宝对自己有相当的自我认识能力，但父母还需要继续加强宝宝自我意识的培养。

3.15～16分：说明宝宝的自我认识能力比较高，如果继续强化会成为一个十分优秀的宝宝。

4 "我就不！"

1 岁以后，原本乖巧听话的宝宝似乎变了一个人似的，在很多事情上的表现开始出现逆反心理，也许心里很清楚自己的行为是错的，可是口头上却一直跟"正确"较着劲儿，偏偏不承认自己的错误，而且她是常用"不"、"我就不"来表达自己的强烈意愿。

其实，这是自我意识萌发的一种典型表现。15 个月左右，宝宝开始意识到自我的存在，初步认识到自己是一个独立的个体。他逐渐发现自己已经能自如地走来走去，靠自己的双脚就可以去自己想去的地方，再也用不着依靠大人的力量把他抱到那儿去。而且，他还发现自己能用说话的方式表达出自己的想法。发现自己拥有这

些能力，宝宝欣喜不已，他希望快些长大，并且急于向别人表达"我可以自己做决定"的想法。

说"不"成为惯性。当宝宝把爸爸妈妈两个人也看作两个独立的个体时，他发现完全没有必要按照大人的想法去做事。于是，宝宝决定宣布独立，拒绝别人提供的帮助，即使真的需要别人的帮助，他也会对大人的帮助表示不屑。"不"是表明自己立场和态度的有力工具，宝宝很多时候分不清她真的不想干这件事情还是顺嘴说了"不"，实际上，她很多时候都是在还没了解到底要干什么时就表示自己的异议了。

宝宝并不是真正的拒绝。有了自己的想法，宝宝的愿望可能就和家长不同了，在家长眼里宝宝似乎在和他们作对。但宝宝内心其实是仍然需要父母的，他只不过在和家长对抗的过程中学习怎样做出决定，怎样为自己考虑，他的反抗行为实际上只建立在自己觉得安全信任的关系上，内心中仍然需要父母的情感支持，需要父母的鼓励——告诉他"你做得很棒"，他才能真正地充满自信，并获得成功的喜悦。所以，反抗期的宝宝是处于追求独立和乞求爱与帮助的矛盾中的。

对待反抗期的宝宝，家长应该满足宝宝寻求独立的需要和保护的需要。家长要放弃不分青红皂白的强硬态度，应该及时抓住这一时机对孩子的某些行为给予适当的鼓励，促进孩子自我意识的形成以及动作技巧、能力的发展。在没有危险的前提下，放手让孩子自己去做，同时做好各种准备，避免问题的出现或及时给予提醒、示范。

TIPS：

宝宝开始喜欢跟父母说"不"的时候，意味着其意识到了自己的存在，这是一种正常的发育过程，是宝宝建立自我和自尊的第一步，也是宝宝独立的前奏曲。所以，对宝宝的反抗行为，父母不能一味地去反对和制止，而应正确了解宝宝反抗背后的原因，"对症下药"，恰当处理，才能引导宝宝健康成长。

宝宝"反抗期",家长可不必对抗

宝宝的"不听劝"虽然只是暂时现象,但家长也不能放任不管,掌握恰当的方法可以帮助宝宝顺利度过"反抗期"。

1. 提供选择

宝宝拒绝家长的要求时,家长可以提供多种方案让他选择,将他在某件事上钻牛角尖的劲头化解掉。让宝宝选择是"做这个"或者"做那个","现在做"还是"一会儿做",而不是直接问他"做"还是"不做"。

2. 竞赛激励法

当宝宝不愿意做某件事的时候,家长可以利用这个阶段宝宝好胜的特点来激励他做事。例如:宝宝不爱吃饭,家长可以提出比赛,看谁先把碗里的饭吃完,赢了的人可以得到奖励。

3. 坚持原则

在一些原则性问题上,家长绝对不能妥协,可以事先和宝宝讲清楚道理,做好约定,如果宝宝违背约定,一定要得到应有的惩罚,让宝宝体验不遵守约定的后果。这样使宝宝在心理上有所准备,行为上有所对照,才能让宝宝服气。

8 类做法，帮你轻松度过宝宝"反抗期"

1. 给宝宝提供选择的机会

父母应以平等、尊重的姿态来征询宝宝的意见，给他选择的机会。比如，如果宝宝不爱吃蔬菜，你可以征求他的意见："你爱吃素炒白菜，还是炝炒藕片？"这样做，会让宝宝觉得大人很尊重他的意愿，就不会轻易地说反话了。

2. 对宝宝适当做些让步

若一些事情不是原则性的问题，比如，宝宝实在不喜欢吃苦瓜，那么父母可以换另一种蔬菜给他吃，而没有必要非得逼他吃。适当地对宝宝做些让步，有利于宝宝人格的健康发展。

3. 把握好放手与保护的分寸

宝宝顽强的"反抗性"源自于他对独立的向往，他希望借此来证明自己是大人了。所以，父母可以先判断一下他所能做到的程度以及可能遇到的问题和危险，做好各种防护措施，然后再让宝宝自己动手去做。

4. 故意冷淡宝宝的恶作剧

宝宝有时会故意做一些恶作剧，以观察你的"有趣"反应，或试探你的态度。此时家长故意装作看不见，或不当回事。宝宝见你不理睬，就会觉得无趣，自然就会停止类似的恶作剧了。

5. 不要过度包办代替

父母要给予宝宝充分的肯定和信任，允许他去做自己想做的事情。比如，他要自己穿衣服，就让他去穿，哪怕他把衣服穿得乱七八糟；他要洗手帕，给他一块肥皂，让他去洗，哪怕他把自己身上和地上弄得到处都是水。如此，宝宝才能体会到自己动手、自己做主的快乐，减少与父母对抗的机会。

6. 让宝宝知道危险行为的后果

若宝宝一意孤行，非要去做一些危险的动作，那么父母在确保安全的前提下，不妨利用宝宝行为的后果去惩罚他的行为。比如，宝宝非要去摸盛满热水的杯子，家长就可以抓住他的手快速放在上面，当他感到烫时自然就会主动缩手。这时再给宝宝讲道理，他就容易接受了。

7. 与宝宝多沟通交流

面对宝宝的叛逆和淘气，父母应以平常心处理，耐心地倾听宝宝内心的真正想法；问问宝宝是怎么想的，为什么要这么做，如此才可以降低宝宝对父母的逆反心理和排斥心理。

8. 适当说"不"，巧妙转移注意力

面对宝宝的不合理要求，要适当地说"不"，并尽量避免正面冲突，采取转移注意力的办法进行软处理。如引导他做其他安全而有趣的事，给他喜欢的玩具等等。

5 变得"任性刁蛮"

在现实生活中,家长们大都会面临这样的问题:可爱顺从的小宝宝逐渐变得自私任性起来,不太听话了。去商城见啥要啥,不给买就大声尖叫。在别人家做客时,会不声不响的抓住一些好吃的东西或一个好玩的玩具不放。若强行从他手里拿走,便会大发脾气。在和其他小朋友一起时,总是不愿意把自己的玩具与他人分享,并会去抢夺别人有趣的玩具。有时你让他向东,他偏向西,带有一种故意性。

基于此,家长们采取了打、罚、哄、物质引诱等方法,但效果也只体现在一时一事,而且在一定程度上还出现了副作用。这可怎么办好?

现在的家庭一般都只有一个孩子,所以许多爸爸妈妈对孩子总是娇生惯养,事事都以孩子为中心,长期生长在这样的环境下,再加上宝宝们的心理发展还不够完善,对生活中的许多事情还缺乏正确的认知和判断能力,养成任性刁蛮的性格就在所难免了。

虽然任性是孩子普遍存在的问题,但如果我们放任孩子的任性,将会影响他们的人际交往,因为任性的孩子很难与同伴友好合作、分享、协商,他们往往随心所欲。

所以,面对孩子的任性,父母一定要根据实际情况及时采取相应的办法加以纠正。方法很多,但归根结底有四个字是所有父母都要记牢的,那就是面对孩子的无理任性,一定要"狠得下心",狠得下心对宝宝的任性撒娇视而不见,狠得下心对宝宝的哭闹充耳不闻,狠得下心去惩罚宝宝……

只有这样,才能够让宝宝明确意识到,任性是不对的,才能够有效地纠正宝宝的不良习惯,帮助宝宝树立起良好、完善的人生品格。

"任性"不见得是坏事

许多家长总是为孩子的任性找借口,动不动就说:"孩子嘛!任性一点儿很正常。"好像宝宝的任性是天生的。但事实证明,后天的生长环境、爸爸妈妈的教育方法,对宝宝性格的形成起着至关重要的作用。

从表面上看,宝宝只是表现得有点儿执拗,不听话罢了,好像也不是多严重多了不得的事儿,但从心理学的角度来看,宝宝的任性是意志力薄弱的表现,是个性偏执,缺乏对自我的最基本约束能力的表现。

如果听之任之,任由宝宝随意任性而不去纠正和约束,会对宝宝以后的人生产生非常严重的负面影响。

毕竟孩子以后要脱离自己熟悉的家庭环境,走向陌生的社会;离开会宠着自己的家人,一个人去面对社会上形形色色的人和事。社会没有义务和责任去无条件地向任何一个个人妥协,如果宝宝养成任性的、跋扈的性格,就会产生人际交往方面的障碍,更别说是与别人进行协作的能力了,缺少这两种最基本的能力,在社会上简直无法立足。

在宝宝尚未面临真正的社会考验之前及时纠正宝宝任性自私的性格,绝对是明智的。

> **TIPS:**
>
> 对待这个阶段的宝宝,家长一定不能使用强权政策,这样不但不会解决问题,反而会让宝宝的反抗情绪更激烈。家长应该抓住这个阶段宝宝的心理特点,因势利导,对宝宝的行为进行适当的引导和鼓励,这样才有利于宝宝自我意识的形成和能力的发展。

宝宝任性时，我们应该怎么办

转移注意力法

一般来说，人们越是注意某件事，越是会对这件事产生强烈的情绪。当宝宝任性的时候，可以用宝宝平时喜欢的玩具、动画片、图画书等等去引开宝宝的注意力，或者是用身边正在发生的其他事引开宝宝的注意力。当宝宝去关注别的事情的时候，任性行为也就随之中止了。

适度惩罚法

这一点是至关重要的一点，如果宝宝过度执拗，任性到怎么也劝不了，谁也管不住的地步，对他的任性行为进行适当的惩罚绝对是十分必要的了。只有自己亲自尝一尝任性的苦果，宝宝才会真正改掉自己的坏毛病。比如说吃饭的时候，宝宝任性地非要看动画片，拒绝吃饭，父母就可以顺势跟宝宝说："要是看动画片，不想吃，这一顿就不要吃了，这是你自己的选择，你自己必须承担后果。"

狠下心来让宝宝饿一顿肚子，却可以让宝宝明白一些道理，这样的狠心，对宝宝来说，何尝不是一种爱。不过惩罚还是要本着冷静客观，就事论事的态度来进行。

忽视法

采取忽视法，即是指家长对宝宝的任性不予回应。很多时候宝宝的任性是出于吸引父母注意力的目的，当宝宝骄横跋扈地撒娇、哭闹的时候，不妨用平静的态度对待宝宝，对于宝宝的任性表现采取不理不睬的做法，当宝宝意识到自己的做法根本引不来任何回应，完全没有作用的时候，他就会自己主动停止哭闹。当然了，一旦宝宝自己冷静下来，爸爸妈妈也要及时地跟宝宝进行沟通交流，不能让宝宝真的以为"爸爸妈妈不管我了，不要我了"。

6 容易害羞

孩子一天天长大，有了人际交往的需要。但家长却发现自家孩子性格太内向了，又怕生又害羞，跟人打招呼或者表演个节目都扭扭捏捏的。这可怎么办好？

3岁多的宝宝在面对新环境和陌生人时，往往容易显得腼腆、胆怯、沉默和害羞，这是宝宝内心产生不安情绪的表现。用心理学的观点来看，害羞现象属于人类的一种自卫策略，是与生俱来的一种行为特征。

但若宝宝过分害羞，而父母不及时引导的话，就会不利于宝宝社交能力的发展和情商的开发。这是因为，若宝宝过于害羞，容易对自己没有信心，产生自卑感，并会经常被负面情绪所困扰；加上不敢与人打交道，无形中宝宝就会被同龄人排斥在各种活动之外，变得孤独、不合群。

同时，3岁左右是宝宝语言和情绪等认知能力发展的关键期，如果宝宝在这个时期过分害羞，往往会极大地影响宝宝语言能力、情绪能力的发展。

虽然宝宝害羞是一种很正常的现象，但父母还是应及时帮助宝宝克服这一心理状态，否则就会对他的学习、生活、人际交往以及将来的人生发展造成极其不利的影响。

要想宝宝不羞涩，成人先改变

父母该如何正确引导宝宝，巧妙地让宝宝告别羞涩，变得开朗大方起来呢？

1. 少指责宝宝

3～4岁的宝宝好奇心强，什么都想试一试，这样无意中就会损害一些物品。若父母没有辩证地分析原因，不顾宝宝的身心发展特点，一味地加以指责和训斥，就很容易造成宝宝怀疑自己的能力，丧失自信而变得害羞胆怯。

另外，若宝宝做错事了，父母要耐心指导，讲明道理，不能只批评指责，更不能打骂。否则，会更加伤害宝宝的自信心和自尊心，使宝宝变得胆小怕事和怯生。

2. 多鼓励宝宝

面对陌生的环境，宝宝需要得到父母的充分支持，才能大胆地去探索、认识、了解这个社会。所以父母对宝宝要尽量以鼓励为主，不要怕宝宝犯错，更不能说话不注意，无意中伤害宝宝的自尊心。

3. 不乱贴标签

即使宝宝有点儿害羞，家长也不能整天把"你怎么这么害羞啊"之类的话挂在嘴边。另外，当宝宝不愿和陌生人打招呼时，不要勉强他，更不能不好意思地在外人面前给宝宝插上"这孩子就是害羞"之类的"标签"。因为，这些定性的话只会对宝宝的性格起到负面的强化作用。听得多了，宝宝就会产生一种错觉，认为自己就是害羞的孩子，加重害羞的心理。

4. 培养宝宝的自理能力

自理能力强的宝宝比那些一切都由"父母包办"的宝宝更活跃，更愿意探索陌生的人和事。所以，宝宝2岁以后，父母就可以着手训练他做些力所能及的事，比如，训练他自己睡觉吃饭、刷牙洗脸、穿衣戴帽、收拾玩具、整理图书、帮忙做家务等，以便培养宝宝的自理能力和独立性格。

5. 为宝宝提供交往机会

为了改变宝宝的害羞心理，父母要尽可能多地为宝宝提供与人交往的机会。比如，鼓励宝宝主动与同龄小朋友一起做游戏；家里来客人时，让他帮忙为客人送茶水、端水果、搬椅子，客人的称赞能极大地提高宝宝的交往积极性；带宝宝上街采购时，让他做主买东西，并由他与售货员交涉；向邻居借、还东西时，让宝宝去说、去做……长期这样锻炼宝宝，就可极大地缓解宝宝的害羞心理。

6. 提高宝宝的自信心

在日常生活中，父母要注意采取民主、平等的方式教育宝宝，并善于及时发现宝宝身上的闪光点，多表扬宝宝的长处和优点。家里的事，也可以征求一下宝宝的意见，以便提高宝宝的自信心。这样能极大地改善宝宝的害羞心理。

了解宝宝害羞的成因

1. 遗传因素

若怀孕期间,准妈妈情绪浮动大、心情不好,宝宝出生以后,就会比其他宝宝敏感、害羞一些。

2. 身体残障

若宝宝在听觉、视觉、外貌等身体方面存在某些残障或缺陷,也会变得敏感和容易害羞。

3. 父母过度处罚

父母若过于严厉,宝宝一犯错,就不分青红皂白加以处罚,尤其是当着其他人的面对宝宝进行申斥与羞辱,都会造成宝宝胆怯、懦弱,使宝宝不敢与人交往,越来见越害羞。

4. 没有安全感

若宝宝从小缺乏安全感,就很难形成自信、开朗的性格,于是不爱和陌生人接触,结果导致自己的圈子越来越狭窄,不容易获得练习社交技巧的机会。久而久之,就会形成恶性循环,变得越来越害羞。

5. 受父母影响

若父母不善社交,性格孤僻,无形中就会大大减少宝宝与外界接触的机会。这样宝宝在遇到陌生人时,就容易害羞,不敢与人打交道。

6. 对宝宝负面评价过多

父母对宝宝的负面评价过多,宝宝总受到不恰当的批评和指责,久而久之,宝宝就会失去自信,变得怯懦、畏生、敏感,因而在遇到陌生人时,显得胆怯、害羞。

7. 自理能力弱

在日常生活中,若父母对宝宝过于溺爱、保护过多、事事都代包代办,就容易导致宝宝形成极强的依赖性,自理能力极差,变得不爱探索新事物,更不愿意主动和人交往。时间久了,自然会变得怕生、害羞。

注意观察宝宝害羞的程度

害羞在幼儿行为中是极为普遍存在的一种现象。对于害羞的宝宝,只要父母加以正确的引导和细心的呵护,就会逐渐得到改善。

如果宝宝害羞的情况很严重,片刻不愿离开父母,更不愿参加社交聚会,就应及时找专业人员进行早期干预,以免导致宝宝出现心理障碍。

7 和朋友一起分享

5岁左右，孩子开始喜欢和他人分享物品，这是一种成长的规律。家长平时要给孩子适当准备一些玩具、食品，使他拥有与其他小朋友分享、赠送的条件。

需要注意的是，孩子处于"我的"占有敏感期时，他要靠拥有自己的东西将"我"与"他人"区分开来。如果强制这个时期的孩子分享他的东西，会给他造成巨大的恐惧感和危机感。还容易让他产生这样的想法：我的东西被强制性地分给了别人，我也可以强行得到别人的东西。于是分享变成了交换，或者是占有。

孩子到了4～5岁时必然会愿意分享，因为他的心理已经发展到了另一个层面。那么，此时孩子获得了分享认知，产生了分享情感后，是否就能摆脱自我中心，有了分享行为呢？

由于孩子在感知方面常按自己的需要去感知事物，易受外界刺激的干扰，所以表现出来的分享行为较不稳定；有的孩子则当着大人的面愿意与人互换玩具，而大人一走，他就抢回了自己的玩具，可以说是一种假分享行为，他在与同伴交往中仍难克服以自我为中心的意识。

皮亚杰曾指出："一般的同伴交往和具体的同伴冲突是儿童发展视角转换能力的必要条件，是儿童摆脱自我中心的前提。"因此，作为家长，应尽量多给孩子创造自由交往的机会，鼓励他参与集体活动，启发他与其他小朋友之间互相交流、磋商、协调，引导他把自己的书和玩具拿出来与小朋友一起玩一起看。在看看、玩玩的过程中，适当培养孩子进行合作，从而让孩子充分感受到与人交往的乐趣。

当孩子之间发生矛盾时，首先要求他们应站在他人的位置上想想，使他们学会考虑别人的需要，形成换位意识，从而克服以自我为中心，养成与人合作、共享的品质。

一般情况下，孩子到了6～7岁时，才开始真正体会到分享的乐趣，这时分享就变成了一种快乐和良好的品质。

教宝宝分享要因时而异

1. 不要认为婴儿期的宝宝"小气"

父母们喜欢在很小时候就教宝宝慷慨大方,常常会让宝宝把手里的东西送给别人。其实,婴儿还不懂得与他人分享的道理。对于婴儿期的宝宝来说,父母不必要强迫宝宝把东西送给人,也完全没有必要认为宝宝"小气"、"自私",更不要因为宝宝"小气",父母觉得没面子。

2. 在幼儿期要教育宝宝分享的乐趣

宝宝逐渐长大到了幼儿期,会和小朋友们一起玩之后,可以让宝宝开始理解与他人分享的乐趣,体会到互相交换的好处。在宝宝做出与他人分享的事情之后,要多鼓励,多赞扬,让宝宝感到自豪,体悟到新的乐趣,明白慷慨并不会让自己失去什么。

3. 教育宝宝乐于助人

在这个年龄阶段,应当鼓励宝宝多帮助他人,特别是值得同情的人。让宝宝乐于助人,也是教育宝宝慷慨大方的一种方法。父母应经常带着宝宝帮助别人,参加社会公益事业活动,让宝宝学会关心他人。对弱者的关心,会激发宝宝乐于助人的愿望,使宝宝从小富于同情心和乐于助人。

孩子分享行为需慢慢养成

1. 家长要做出良好示范

要让孩子乐于分享,学会慷慨待人,家长当然得做出良好示范。在日常生活当中要让孩子通过家长的行为示范,认识到自己以外的世界,认识到满足别人的需求也能给自己带来快乐。

2. 先从学会与家人分享开始

爸爸妈妈买了孩子最喜欢的食物回家,不能因为孩子喜欢而给他独享,要让孩子把美食与父母、爷爷奶奶一起分享。如果家长在家里就让孩子养成独享的习惯,那他自然就会缺乏分享的意识,也就不会大方和慷慨地对待别人了。只有从小培养孩子养成与别人分享的概念,孩子才会乐于做一个慷慨大方的人。

3. 要教孩子学会替别人着想

比如爸爸妈妈带孩子逛超市的时候，就可以让孩子想一想，除了孩子自己想要的东西，爸爸妈妈需要些什么。有时候还可以让孩子用自己的零用钱买一些爸爸妈妈需要的小礼物。让孩子在考虑到自己的需求之外，再从他人角度出发来考虑别人的需求，这对形成孩子的慷慨性格有很大的帮助。

4. 从挫折当中学习

当孩子一直表现得十分自私，总也不愿意跟自己的小朋友一起分享玩具、零食等等时，小伙伴们就会远离他，不再主动跟他玩儿。这个时候父母不要插手，当孩子意识到自私会让自己失去朋友的时候，他最终不得不学会妥协。爸爸妈妈看到孩子因为被小朋友嫌弃而过于孤单时，也不要因为心疼而去帮孩子解决问题，而应让孩子用自己的方式，去解决问题，这也是锻炼孩子人际交往能力的必不可少的过程。

5. 不要过于苛责

让孩子任何时候都愿意与人分享是不现实的，当孩子偶尔出现小小的自私行为的时候，爸爸妈妈也不要过于苛责，可以偶尔放纵一下孩子的自私。但是要明确表现出父母的不喜欢和不赞同，并让孩子理解爸爸妈妈不赞同的真正理由，否则会引起孩子的逆反心理。

让孩子学会分享的小技巧

1. 从小开始教

美国儿童教育顾问莎拉·里斯拉夫博士表示，孩子5岁前还无法理解"分享"的概念。然而一些基本规则可以从小时候教起，比如"玩具大家轮流玩"，"她先玩，然后轮到你"，"玩具你不玩了，就让别的小朋友玩吧"。

2. 家长以身作则

美国儿童关爱与教育组织专家劳拉·奥尔森表示，身教重于言传，父母的行为对孩子影响最大。因此，为孩子做出"分享示范"。比如，吃三明治的时候，问问孩子"你要吃一块吗"？父母做其他事情时候，也应注意让孩子观察到父母在"分享"。

3. 限制时间

克利夫兰儿童医院儿科专家琳恩·米里纳建议，可以采取限制时间的方法，他先玩10分钟，然后让别的孩子玩10分钟。让孩子明白，与别人分享玩具不等于永远失去玩具。

4. 选择一个主题

米歇尔表示，当孩子们在一起玩的时候，可以选择一个主题，比如沙滩、农场、厨房等。如果玩具类似，颜色差不多，那么孩子就不太会争抢，更容易学会分享。

5. 不强迫孩子分享

育儿专家米歇尔·拉罗维表示，与大人一样，小家伙也会有自己特别珍爱的玩具或图书，不要强迫孩子与他人分享。可以提前告诉孩子，若不想与人分享，那么与小伙伴一起玩的时候，就不要把自己珍爱的东西拿出来炫耀。

6. 角色互换

如果孩子经常对分享说"不"，那么不妨考虑与孩子互换角色。与孩子一起玩耍，当孩子想要你手中玩具的时候，你就说"不"。当小家伙感觉心烦时，你不妨晓之以理，让他明白"只有学会与小朋友分享玩具，大家才能开心地一起玩"。

8 喜欢玩"过家家"

4～6岁的孩子都喜欢玩过家家。喜欢玩过家家的游戏，意味着孩子进入了婚姻敏感期。婚姻敏感期标志着儿童的情绪、情感达到一个相对成熟的状态。最早的时候孩子会想要和爸爸、妈妈"结婚"。之后，他们就会"爱上"自己的老师或者其他的成人。一直到5岁左右，他们才会"爱上"一个小伙伴，比如只给自己喜欢的孩子分享好吃的东西，而且经常在一起玩，产生矛盾时也不愿意让其他人干预等等。总之，他们想拥有属于自己的空间。

孩子玩过家家的游戏其实是在模仿大人，这种模仿，不是单纯地模仿大人怎样做事，而是在模仿父母来学习自己的性别角色。在过家家的游戏中，孩子通常只会模仿同性家长，女孩模仿妈妈，男孩模仿爸爸，他们在模仿父母的言谈举止的过程中，学习男人和女人在家庭中的角色分工、性别特点，通过这个过程，对男性和女性有了更加感性的认识。孩子也是通过这种方式，从父母那里继承了性情和价值观。这对孩子未来对待异性、对待婚姻的态度和方式都有极大影响。

在这个年龄段，不管是男孩还是女孩，还都很迷恋举行"婚礼"的游戏，这是学龄前儿童的一种正常的心理和生理反应。家长不要过分担心孩子是不是早熟，更加不能粗暴地制止。家长反而应该利用这个机会给孩子讲讲性别的问题，让孩子对性别差异有一个正确的认识。

你可以这样和孩子说："男孩子长大会变成男人，女孩子长大会变成女人，如果男人和女人相爱他们就可以结婚了，结婚后如果有宝宝，就变成了爸爸和妈妈。"

家长也不要过分强调性别的行为差异，很介意男孩喜欢安静地玩过家家，不喜欢与其他男孩子追逐打闹；又或者担心女孩子爱和一帮男孩玩等等。总是指责孩子"没有男孩样"、"不像个女孩"，其实到了一定的年龄阶段，孩子自然便开始喜欢自己性别的东西和游戏。

儿童时期是一个纯粹的情感培养和情感发展的过程，孩子形成结婚的概念，喜欢玩过家家的游戏，表明他对性别、对自我、对异性已经有初步的感觉。在童年顺利渡过的敏感期，将为其成人后的婚姻关系奠定基础。

尊重宝宝，认真对待

要提高宝宝的人际智能，多多鼓励和引导宝宝玩角色扮演类游戏是个不错的选择。但如何能让宝宝玩得高兴，玩得尽兴，同时还能锻炼人际交往能力，却并不是那么容易的事情。尤其对家长来说，在和宝宝一起玩角色扮演游戏时，也要遵守一些注意事项。

1. 家长要尊重宝宝，遵守游戏规则

家长要尊重宝宝，让宝宝自己选择角色，并自觉规范自己的言行来遵守游戏规则。而宝宝会通过角色扮演游戏，对现实生活进行模仿，角色与角色之间的互动，更是体现了社会中的人际交往。

游戏中，宝宝能够通过共同拟定活动主题和游戏规则，锻炼自己与同伴沟通和共同协作的能力；把自己放在角色的位置上，用角色的心态去看问题，也会让宝宝锻炼换位思考的能力，这样宝宝就能够更容易理解他人，从他人角度看问题，更好地面对人与人之间的交往。

老鹰捉小鸡、过家家、警察捉小偷、老师与学生等等这些常见的小游戏，都可以帮助宝宝提高人际智能。

2. 认真对待游戏，不可敷衍了事

需要家长注意的是，如果和宝宝一起玩角色扮演，就一定要认真投入到游戏当中去，遵守和宝宝共同拟定的游戏规则，不能把和宝宝一起的游戏当做玩笑。

对宝宝来说，角色扮演游戏就是社会的真实再现，而家长是宝宝最好的模仿对象，如果家长不遵守规则，会给宝宝留下一种规则并不重要的印象，还会使宝宝养成出尔反尔的坏习惯。

比如说，宝宝让家长扮演妖怪，他模仿孙悟空，那家长就要认真地演出妖怪的感觉来，不要敷衍了事，这样宝宝玩得不高兴，对发展宝宝人际交往智能也无益。

TIPS：

在儿童婚姻敏感期内，若家长勒令孩子不许谈论结婚问题，也不许和异性玩过家家游戏，不仅仅会破坏儿童对性别、对自我、对异性的看法，同时也过早地给孩子强行加进了一些比较暧昧的意识和不良的意识形态观念，不利于孩子的健康成长。

正确对待宝宝的"偷窥"行为

1. 正确面对宝宝偷看大人洗澡的好奇心

宝宝对人体的好奇心，随着年龄的增长和他们对一些性知识的了解，越来越强烈。为了解释自己心中关于人体的种种疑问，他们就会采取"自给自足"的方式，试图通过秘密的观察来寻找答案。在大人眼中看来很严重的所谓偷窥，不过是孩子们出于好奇心的一种自然反应罢了。如果爸爸妈妈发现宝宝有类似偷窥的行为，要采取正确的教育，给宝宝灌输科学的知识和正确的行为举止。

2. 面对宝宝的偷窥不要大惊小怪

遇到宝宝偷窥的情况，家长首先要做的就是调整自己的心态，用认真的态度将男性人体和女性人体的知识讲解给宝宝听，心平气和地告诉宝宝，男性和女性的身体并不神秘，是非常正常的人体构造，但每个人都有自己的秘密，偷看别人的身体是不对的。

把正确的知识用正常的态度交给宝宝，宝宝就会以正常的心态接受。了解了这些知识之后，他们对人体的好奇心自然就降低了，也就不会再有类似的偷窥行为发生了。

如何对宝宝展开性教育

宝宝进入婚姻敏感期后，性意识的发展还是很朦胧的，家长只有对宝宝普及性知识，才能让宝宝对自己的性别产生正确认知；对性产生正确的认知，避免宝宝将来长大后对性有不正确的认识，产生性恐惧或者扭曲对性的认知。

❶ 从小培养男女有别的性别意识。

❷ 教会宝宝保护自己的隐私。

❸ 家长不要对"性"羞于启齿，而应用科学知识回答宝宝的提问。

❹ 密切关注宝宝性心理方面的发展。

9 小不点儿也爱争宠

随着孩子一天天长大，情绪越来越复杂化，荣誉感、争强好胜、嫉妒心等表现得越来越明显。妈妈也随之发现自己的育儿知识越来越不够用了。真是"书到用时方恨少"，这不，又开始为孩子的嫉妒心苦恼了。

嫉妒是一种原始的情感，是人类心理中动物本能的表现。嫉妒虽然是宝宝成长过程中的一种正常情绪反应，但是如果宝宝嫉妒情绪过多、过强，而父母又不注意疏导的话，时日一久，就有可能发展成为宝宝人格的一部分，给宝宝社会交往能力的发展带来极大的障碍，不仅会影响他的情绪，还会影响他的身心健康。

因此，如果父母发现孩子的嫉妒情绪过于偏激，一定不要听之任之、放任不管，正确引导便能让孩子拥有平和心态。

所以，对于宝宝的嫉妒心，家长既不能一味迁就，说别人就是比不上他，也不能事事批评，非要他与别人一争长短。孩子年幼，还是愿意听鼓励的话，只要家长掌握好赞扬与批评的尺度，就不难将宝宝的嫉妒心巧妙引导，使之转化为上进心，从而取得事半功倍的效果。

另外，还应注意教会孩子正确评价自己和别人。让孩子清楚自己哪方面做得好，比别人有优势，哪方面做得不够好，谁比自己强。提醒孩子做得好不能骄傲、满足，不如别人的地方，要虚心向别人学习，这样才能越来越聪明能干。

家长只要坚持正确引导，一定能培养出虚心好学的好孩子，让孩子获得更多的友谊。

如何疏导宝宝的嫉妒情绪

1. 营造和谐健康的家庭氛围

家庭成员间应该团结友爱、互相尊重。在这种正面健康的环境里成长，宝宝也会潜移默化地形成豁达开朗的个性。这是预防和纠正宝宝嫉妒心理的重要基础。

2. 父母要起表率作用

榜样的力量是无穷的，父母应该开朗包容，不盲目攀比，客观、正确、现实地认识自己和他人，有着很强的自信心。

3. 了解宝宝嫉妒的缘由

父母在日常生活中，应多和宝宝接触，及时掌握宝宝嫉妒的直接原因。只有了解宝宝嫉妒的真正原因，才能对症下药地解决宝宝的嫉妒心理。

4. 不要随意批评、挖苦

当孩子显露出嫉妒心时，父母不能不分缘由地横加指责，更不能冷嘲热讽，否则，会进一步加重宝宝的嫉妒心理。

5. 理解宝宝的想法

孩子的嫉妒只是其对自己愿望不能实现而产生的一种本能的心理反应，是直观、真实、自然的情绪表达方式。父母不妨把孩子抱在怀中，安静地倾听他的感觉和苦恼，以便使孩子因嫉妒而产生的不良情感能够得到宣泄。

6. 提高自我认知能力

帮助宝宝提高自我认知水平，发展宝宝的内省智能，是克服嫉妒心理的基本途径之一。父母应该跟宝宝讲清每个人都有长处和不足，引导宝宝逐渐认识自身的优缺点，正确客观地评价自我、评价别人。

7. 引导宝宝树立正确的竞争意识

一般情况下，嫉妒心理强的宝宝都非常争强好胜，作为父母，要引导和教育宝宝树立正确的竞争意识，把宝宝的好胜心引向积极的方向。

8. 正确地正面评价宝宝

父母在教育宝宝的过程中，要注意正确评价宝宝。如果表扬不当或表扬过度，就会使孩子骄傲起来，进而看不起别人。如果一味批评宝宝，就会打击他的自尊心，使他产生挫败感，不利于其身心的健康发展。

9. 培养移情能力

移情能力是指设身处地为别人着想的能力，是宝宝心理成熟的重要标志。移情能力强的宝宝，在人际交往中可以自我排解嫉妒心理，从而更受周围人的欢迎。

这种能力的培养可以从宝宝认识自己的不良行为开始，从而使宝宝学会换位思考，能够站在他人的角度考虑问题。

宝宝为什么会嫉妒

受父母影响

父母是孩子的第一任老师。父母的很多行为在无形中都会成为宝宝嫉妒心的催化剂,如爱比较、爱评价、爱攀比、虚荣心强、爱挑剔、不虚心等。生活在这样的父母身边的宝宝往往嫉妒心强,不能坦然接受和承认别人的优点。

情感危机

宝宝嫉妒妈妈抱其他孩子的情绪,其实是一种强烈的社会信号,即告诉爸爸妈妈他需要更多的安慰和爱。如果父母没有理解这一点,往往会对宝宝的行为感到生气,对他置之不理,甚至严厉地教训宝宝,这将更加剧宝宝的焦虑和不安。

父母的教育方式不对

4岁左右的宝宝对自己或别人的认识和评价往往只是成人评价或成人行为的简单再现。所以,若父母常对自己的孩子说他在什么方面不如某某,就容易使宝宝以为爸爸妈妈喜欢别的宝宝而不爱自己,从而产生嫉妒。

要强心理

能力较强、头脑聪明的宝宝,会因为自己经常得到肯定和表扬而形成一种"惯性",如果有一次没受到"重视"和"关注",就容易失落、不满,从而产生嫉妒心理。

10 会"说谎"了

4～5岁这个阶段,对周围环境及接触到的事物有了一定的印象、认识和经验,想象力和语言表达能力逐渐提高,于是谎言也随之诞生。而且谎言五花八门,出人意料。他会对小朋友说爸爸是宇航员,妈妈带他去了海底世界,外婆送他一架大飞机并带他上天去玩,家里的鱼生了很多小鱼等。当然,这些纯属子虚乌有。

"说谎",词典上给予的定义是"假话骗人",是一种蓄意和深思熟虑后对真实情况加以隐瞒或歪曲的行为。

但4岁孩子的这些谎言不能算是真正的说谎,也不意味着罪恶的开端,因为它们往往是源于把想象、愿望、游戏情景当成现实,其中并没有"蓄意"的企图,也没有"歪曲"的轨迹,偶尔有出自辩解或引人注目的目的。无论哪一种都不属于真正的谎言,更不至于发展成性质恶劣的小偷行为。

如果家长不能充分理解这一点,就谈不上正确的处理办法。因而,我们应该认清隐藏在孩子"谎话"背后的心理,采取与其心理状态相符的办法解决。

家长平时要多陪陪孩子,留心其心态变化,洞察孩子有了"说谎"的苗头时,要和风细雨的耐心教导,注意孩子的神情、动作和言语,搞清楚事情发生的经过,将孩子的有意说谎和无意说谎区分开来。

即使孩子真的说谎了,也要耐心地帮助孩子分析导致说谎的原因,及其可能产生的后果,让孩子在拥有足够安全感的情况下,坦然承认自己的错误,培养孩子承认错误的勇气。

啊?你?

妈妈,我可不可以和你一起洗澡,我还要和师傅去西天取经呢!

正确认识宝宝的"说谎"行为

1. 年幼无知

宝宝的认知能力还有限,一些概念还很模糊,会有许多出于无意的说谎现象。

2. 想实现愿望

小孩子的竞争心理很强,他们非常注重成人的表扬、赞许与爱抚。所以,当物质欲望和精神需要得不到满足时,宝宝会因为强烈地想实现愿望而说谎。

3. 逃避惩罚

宝宝做了错事,害怕遭受体罚,害怕失去父母的爱,为了消除这种恐惧的心态,会出现说谎的行为。

4. 模仿行为

宝宝的模仿能力极强,如果经常有人当着宝宝的面说些小谎话,那么宝宝很快就能学会说谎。

5. 被想象所左右

4～5岁的时候,宝宝根本无法完全掌握说谎的概念,不能理解一些在客观现实基础上的真实,反而容易被自己的想象所左右,会在真实中掺杂一些"梦幻般的想象"。因此,宝宝身上便有了说谎现象。

比如,宝宝由于自己的动作太大不小心打碎了花瓶,他会感到不安,父母问起此事时,他会说是小猫碰到地上打碎的。因为他心里想"如果是小猫碰坏的该多好呀",于是他把希望和想象当成了事实,"谎言"也就诞生了。

宝宝说谎并不可怕

❶ 宝宝开始说谎有着深刻的原因,成人不要轻易将其确定为品德问题。

据心理学统计,幼儿分不清想象与现实,3岁左右就能够想象性地说谎,并可能一直延续到小学二三年级。

❷ 想象性说谎的孩子具有更高的创造力。

想象性说谎,就是一种说出假想的经历,是一种能够把语言和行为分开的想象力,与"无中生有"的创造力有密不可分的关系。因此,从这个意义上讲,宝宝"说谎"技术越巧妙,具有的创造力就越高。

宝宝说谎后,家长这样做

妈妈,妈妈,我不敢啦。

TIPS:

❶ 宝宝不小心做错事了,而且后果比较严重,父母往往就会按捺不住脾气,严厉指责甚至打骂,这样会促使他下次做错事时说谎。

❷ 用成人的标准及道德良心去责备孩子,不仅会损害孩子的自尊心,影响孩子的人格发展,而且还会诱使孩子说更严重的谎言。

❸ 对宝宝无意的谎言要予以及时指出和纠正,但不要强调宝宝在撒谎,要尽量深化他对生活的认识,提高他的语言能力和记忆能力。

❹ 良好的亲子关系、相互信任和理解是宝宝诚实的前提条件。家长和老师要用信任的方式与宝宝进行交流,少用训斥、警告等用语。

❺ 父母要以身作则。作为宝宝人生的领航者,父母必须要给宝宝做个诚实守信的好榜样。

1. 实事求是,忌小题大做

孩子说谎的原因和目的是多种多样的,父母要认真分析,不要随便以成人的道德标准去衡量。

2. 通情达理,勿严厉惩罚

惩罚是必要的,却要通情达理,既要让宝宝认识到说谎是不对的,也要让他明白只要改正了,父母和老师仍喜欢他。太过严厉的训斥和惩罚,反而会让宝宝感到不公正,加重反抗,更多地说谎。

3. 细心疏导,不嘲笑奚落

宝宝说谎了,父母老师要细心地教育引导,给他讲最基本的道德准则,让他知道什么是正确的、什么是错误的。有的家长对宝宝说谎给予嘲笑奚落,宝宝会有反感情绪,也会丧失信心。

4. 防微杜渐,不听之任之

如果宝宝的谎言屡屡得逞,他会尝到"成功"的快乐,久而久之就会养成习惯。所以,成人要有一双智慧的眼睛,不能总被宝宝"欺骗",也不能对他们的谎言听之任之,要把说谎结束在萌芽状态。

11 有了团队的需要

从一对一交换玩具和食物、只和一两个小朋友交往，到寻找相同情趣的伙伴并开始相互依恋，意味着宝宝人际关系交往能力大大提高，并渐渐地进入到交际敏感期。

这时的宝宝开始三五成群地在小团队中和谐交往，互相依赖关心，形成愉悦、默契的合作关系。而且在与小伙伴的交往中，宝宝学会了谦让、分享、宽容、忍耐、平等、协商解决问题。开始对游戏规则感兴趣，在实现承诺的过程中，调整自我，完善彼此的关系。

社交能力是情商的重要组成部分之一，指的是能够和他人比较圆满地结交并相处的能力，也是孩子从事任何人际交往和活动的基础。小到对待他人温和有礼，完成团队合作，大到竞选择业，选择人生伴侣，追求人生幸福，都离不开社交能力。现代科学研究告诉我们：在人的一生中，社交能力的影响力是智商的九倍！

但是，社交能力不是天生就有的，而是后天形成的一系列的关键观念和技巧。这些观念和技巧如果能够得到系统的学习，对于孩子在童年期和未来的表现，就会有相当大的积极作用，

缔造一个儿童未来成功和幸福的基础。因此，对于孩子的社交能力培养，家长千万不能大意！

想要让孩子获得社交能力，爸爸妈妈就要教给孩子具体的社交方法，尤其是让孩子学会以他人能接受的方法获得想要的东西，比如，当孩子想要加入其他人的游戏时，可以教导他友好地问别人："我可以参加你们的游戏吗？我想和你们一起玩，可不可以？"当孩子与别人争抢玩具时，父母要耐心引导，陪孩子一同想出更好的办法，学会说服别人与自己分享玩具。

另外，教孩子用"谢谢"、"不客气"、"对不起"、"行吗"、"你先玩，我后玩"等文明语言与他人交流，也能使孩子在与人交往中待人热情主动，交到好朋友。

社交能力的形成需要一个长期持续的过程，需要爸爸妈妈在日常生活细节当中以身作则，慢慢引导，时刻关注宝宝的社交能力发展。

宝宝交朋友，家长不要这样做

1. 给宝宝指定交往对象

家长切勿给宝宝指定交往对象，让宝宝只跟聪明的孩子交往，这是非常不正确的。容易导致宝宝不尊重他人，不善于为他人着想，这样自私狭隘的品格会让宝宝变得被他人排挤和讨厌，反而是一种社交障碍。

2. 忽视宝宝朋友的持久性

结识新朋友，建立新的交际关系固然是一种能力，维系固有的朋友关系，也是一种交际能力。如果宝宝总是不断更换新朋友，爸爸妈妈可要帮宝宝做一下维护朋友关系的功课了。

3. 剥夺宝宝的独立交际机会

有些家长总是有意无意地剥夺宝宝单独进行交际的机会。比如说，在公园草地上遇到一个可爱的宝宝，有些家长就会说，宝宝你真可爱，跟我们家小亮做个朋友吧？可能爸爸妈妈怕宝宝还不能很好跟人交往而替宝宝打开场面，可无论是出于怎样的考虑，这样的行为其实都限制了宝宝人际交往能力的发展，容易使宝宝养成事事依赖家长出头的习惯。

4. 迷惑于宝宝的"大胆开朗"

有些小朋友在公众场合或者跟小伙伴在一起时，说话声音总是很洪亮，显得特别大胆开朗，家长觉得这是宝宝交际能力强的体现，其实倒未必如此。俗话说"有理不在声高"，教宝宝学会适当控制自己的情绪，尽量用诚恳平和的语气说话。爸爸妈妈可以引导宝宝，在人群中更好地锻炼自己在组织、领导方面的人际交往能力。

宝宝社交能力发育的阶段性特点

1. 交友靠随机

3岁的宝宝，开始离开小家庭的单一成长环境，投入到了幼儿园这个集体，也就自然而然地开始了最初的团队之间的人际交往。这一年龄段的宝宝选择友伴，往往并没有什么特别的喜好和需求，完全是随机的，身边出现的同年龄的孩子都会成为宝宝选择的友伴。

2. 喜欢玩角色扮演游戏

4岁的宝宝很喜欢玩角色扮演的游戏，比如他会让一群小朋友扮演学生，自己扮演老师，照着老师的样子，一会儿说："小强，你来读这句！"一会儿喊："壮壮，坐好！"还有的宝宝最喜欢玩具枪，有时候会拿着玩具枪指着爸爸妈妈让他们装着受伤；还有一些宝宝特别善于观察爸爸妈妈的情绪，很早就懂得察言观色。

3. 能理解一些复杂情感

5岁之后，宝宝已经完全长成一个小大人了，开始对人类最复杂的情感有了更深刻和明确的理解。这个时候的宝宝，基本上已经能了解爱恨、喜欢、讨厌、生气、难过、孤单等情感词所代表的意义，并且自己也有了比较丰富的情感体验和表现。5～6岁的宝宝，情感已经近乎成人。

> **TIPS：**
>
> 孩子的成长是一个逐步社会化的过程，在这个过程中，他们需要学会与人友好的交往。所以，在日常生活中，妈妈可以借助讲故事、看图画书时启发孩子：熟人间打招呼是一种礼仪，表示一个人懂礼貌、有修养，是每个人都应该做的，它能使我们成为一个受欢迎的人；而且，打招呼之后，问候的和被问候的人都能感到愉快。

4. 情绪能够保持稳定

6岁的宝宝在情绪和情感方面都能够保持很大稳定性，这个时期的宝宝通常会明确表现出对父母的爱，对幼儿园、对老师和对小伙伴们的依恋。这个时期的宝宝在幼儿园里通常会表现得热爱集体活动，喜欢跟小伙伴们一起玩，对图画、手工等这一类的作业表现出明显的喜爱，会非常积极地去完成；有很多宝宝非常喜欢小动物，也懂得爱护身边的植物。

5. 可以控制情绪

在情绪调节方面，宝宝们显得更驾轻就熟了。他们开始能够控制自己的情绪，不像以前那样说哭就哭，说笑就笑，已经有了情绪上的羞耻心和控制力，开始懂得自己不能随心所欲发泄自己的情绪。比如说宝宝跌倒的时候，可以强忍住疼痛不哭出来；到商场里想买的玩具妈妈没有给他买，他也不会用哭闹来试图使自己的心愿得逞。

6. 懂得"笼络人心"

6岁的宝宝开始懂得"笼络人心"了。比如说，宝宝在跟比自己年龄小的小伙伴一起玩儿的时候，能够主动去帮助和照顾他们；会用玩具和零食来引诱别的宝宝跟自己一起玩等等。这意味着宝宝们社会情感正在形成。不过这个时期的宝宝仍旧十分敏感，对来自外界的影响还没有形成比较正确的判断，也不能够主动抵挡一些影响和诱惑，比如说有些宝宝看到其他小朋友受到表扬，或者穿了漂亮的衣服、有一个新玩具等等，会产生嫉妒心理。

> 总之，3～6岁是宝宝情感迅速成熟的阶段，也是宝宝形成属于自己的社会情感的关键阶段，爸爸妈妈不能因为宝宝年龄渐长而忽视对宝宝的照顾，对宝宝的情感教育一定要抓紧时机，这样才能培养宝宝形成良好的品格和道德。

宝宝社交能力发展以引导为主

关注宝宝社交能力的发展,并不是指家长要强制性要求孩子要讲文明懂礼貌等等,而是应该在了解宝宝,接纳宝宝的基础上,锻炼宝宝接纳他人和与他人有效沟通的能力。

1. 以孩子的角度看世界

要让宝宝懂得接纳他人、了解他人,宝宝才能够与他人建立良好的沟通基础。而要宝宝接纳别人,就要以孩子的视角看世界,了解宝宝的内心和行为特点,从宝宝的角度来考虑事情。

对宝宝来说,跟陌生人或者是小伙伴礼貌地打招呼并不是必须的,他并不能对这样的社会礼节行为的意义有所了解。尤其是当宝宝看到比自己高大许多的成年人,会下意识地感觉到自己的弱小和无力反抗,此时孩子的沉默完全是出于内心天然的自我防护意识,如果一个宝宝在陌生的环境对一个陌生人表现出过度的热情,那未免太危险了。

可是,如果宝宝不能接近别人,那也就谈不上接纳他人。因此,在锻炼宝宝的社交能力时,要教宝宝先学会与人相处,跟别人进行礼节性往来,这是一个人进行社交必须要做的。

2. 家长树立榜样

要让宝宝学会接纳他人,爸爸妈妈也有必要教导宝宝学会讲文明懂礼貌,掌握各种社交场合的理解。这些关于礼貌和礼节的学习,也是发展宝宝社交能力的必备工具。

要让宝宝掌握各种社交场合的礼节,家长首先得以身作则,让宝宝以耳濡目染的方式去体会和熟悉,而不能强求。

平时家里来了客人,爸爸妈妈要用对待成年人的方式对待宝宝,把宝宝正式介绍给客人,这样既能够让宝宝熟悉对方接纳对方,也能够让对方尊重宝宝,以平等的方式对待宝宝,让宝宝更加自然放松地用礼貌的方式对待客人。

我国儿童教育家蒋金镛说:"没有导之以行的家教是空虚的、毫无言行示范的家教是脆弱的。"这句话可谓至理名言。作为父母,在孩子面前千万不要忘了自我发展,若能在做人和成才方面给孩子作出示范,你的教育力度无形中就增强了许多。

3. 提供更宽广自由的社交环境

关注宝宝的社交能力发展，爸爸妈妈还要给宝宝提供一个更宽广和自由的社交环境。有些家长生怕自己的孩子在外面学坏了，总是限制宝宝出去玩，当宝宝的小伙伴有一些让家长不满意的地方，爸爸妈妈就会诱骗着宝宝不和那个孩子玩。

其实这是家长对宝宝社交能力发展的一种人为干涉，会使得宝宝生活的环境变得封闭，也剥夺了宝宝选择朋友和社交圈的自由，也可以说是在强迫宝宝按照家长的方式生活。

4. 接纳孩子间的冲突

在游戏过程中宝宝们会产生一些身体上的冲撞，这是宝宝们通过肢体力量的爆发来展现自己强大和通过身体接触表达情感的过程，只要确定宝宝不是习惯性的攻击行为，家长就没必要过度焦虑。

接纳孩子之间的冲突，是爸爸妈妈必要的心理建设，小时候的打打闹闹，是为孩子成年以后合理得体地解决各种矛盾冲突的必要演练。

儿童社交能力培养要求

★ 礼貌待客，能问明来意，向家长转达，或请客人留条，写下电话、地址。

★ 独自购物1～3种。练习方法，大人带孩子去商店，把要买的东西告诉孩子，拿正好的钱。以后可给不正好的钱，知道要找零的钱。再以后可单独去。可使孩子认识社会，加强与不认识的人交往。

★ 会下至少一种棋，懂规则，如军棋、跳棋，会争胜负。

★ 会称呼不同职业的人，如医生、护士、警察，知道不同职业是做什么的。

★ 集体舞或集体操中会按节拍做动作。

★ 认识纸币1角、2角、5角，1元、5元、10元、20元、50元、100元纸币，并互相兑换，会买东西，知道应找的钱，可先做游戏练习。

★ 会看地图，认方向，知道住址。

★ 有急事或意外发生，知道如何寻求帮助，如找家长或别人帮助、去哪打电话、号码是多少、家长单位、所在地方等。

培养孩子社交能力的两个游戏

幼儿园的生活

游戏目标： 了解宝宝和同龄人相处的情况，帮助宝宝改善人际关系。

适合年龄： 3岁以上。

游戏方法：

1. 家长经常性对宝宝提出关于幼儿园的问题，比如"你在班里有哪些朋友？你的老师姓什么？谁是你的好朋友？班里有什么好玩的玩具？"等。

2. 当宝宝回答这些问题时，家长仔细观察，宝宝在交友、学习或其他方面有没有无法突破的障碍。

3. 当家长去接宝宝下课时，也可以留心观察下，看看宝宝在等待时是否常常待在角落，要对宝宝的人际关系问题及时给予建议和指导。

游戏小贴士：

家长除了平时直接询问宝宝的人际关系外，更重要的是要留心宝宝在校园内的生活情况，要注意发掘宝宝不开心的问题所在，在宝宝还小时纠正人际关系问题会更容易一些。

在幼儿园你和谁是好朋友啊？

九九重阳

游戏目标： 体会爷爷奶奶（或家中的其他老人）为自己的长大付出的辛苦。了解老人的情感，教育宝宝学会尊敬、孝顺老人。

适合年龄： 4岁以上。

游戏方法：

1. 爸爸妈妈问宝宝，爷爷奶奶每天都在干什么事情？他们最喜欢吃什么？……

2. 爷爷奶奶会有哪些事情做起来不方便？怎么帮助爷爷奶奶解决？爷爷奶奶最怕什么？（如：孤独、不愿意说自己老、喜欢外出等等。）

3. 怎样做才能让爷爷奶奶开心？在重阳节给爷爷奶奶制作一个小礼物，送给爷爷奶奶；或者亲手洗一盘爷爷奶奶最爱吃的水果，端给他们吃。

游戏小贴士：

孝顺的宝宝会让爷爷奶奶笑得合不拢嘴，全家也会乐淘淘。

爷爷！奶奶！这是最新鲜的荔枝，爸爸说它的名字叫'妃子笑'，说是杨贵妃喜欢吃的呢！你们来尝尝！

图书在版编目（CIP）数据

敏感期的秘密：最强大脑养成方案（0～6岁）／药志胜著.
-- 南京：东南大学出版社，2015.1
（聪明宝贝养成计划）
ISBN 978-7-5641-5033-4

Ⅰ.①敏… Ⅱ.①药… Ⅲ.①婴幼儿－智力开发
Ⅳ.①G610

中国版本图书馆 CIP 数据核字（2014）第 132808 号

敏感期的秘密：最强大脑养成方案（0～6岁）

出版发行	东南大学出版社
出 版 人	江建中
插　　画	黄斯婷
社　　址	南京市四牌楼2号（邮编：210096）
网　　址	http://www.seupress.com
经　　销	新华书店
印　　刷	北京海石通印刷有限公司
开　　本	787mm×1092mm　1/16
印　　张	16.5
字　　数	390千字
版　　次	2015年1月第1版
印　　次	2015年1月第1次印刷
书　　号	ISBN 978-7-5641-5033-4
定　　价	39.80元

・本社图书若有印装质量问题，请直接与营销部联系，电话：025 - 83791830。